essentials

essentials liefern aktuelles Wissen in konzentrierter Form. Die Essenz dessen, worauf es als „State-of-the-Art" in der gegenwärtigen Fachdiskussion oder in der Praxis ankommt. *essentials* informieren schnell, unkompliziert und verständlich

- als Einführung in ein aktuelles Thema aus Ihrem Fachgebiet
- als Einstieg in ein für Sie noch unbekanntes Themenfeld
- als Einblick, um zum Thema mitreden zu können

Die Bücher in elektronischer und gedruckter Form bringen das Expertenwissen von Springer-Fachautoren kompakt zur Darstellung. Sie sind besonders für die Nutzung als eBook auf Tablet-PCs, eBook-Readern und Smartphones geeignet. *essentials:* Wissensbausteine aus den Wirtschafts-, Sozial- und Geisteswissenschaften, aus Technik und Naturwissenschaften sowie aus Medizin, Psychologie und Gesundheitsberufen. Von renommierten Autoren aller Springer-Verlagsmarken.

Weitere Bände in der Reihe http://www.springer.com/series/13088

Lisa Löbig · Domenik H. Wendt

Brexit und der Finanzmarkt

Die rechtlichen Auswirkungen
auf grenzüberschreitende
Finanzdienstleistungen

Lisa Löbig
PricewaterhouseCoopers GmbH
Frankfurt am Main, Deutschland

Domenik H. Wendt
Frankfurt University of Applied Sciences
Frankfurt am Main, Deutschland

ISSN 2197-6708   ISSN 2197-6716   (electronic)
essentials
ISBN 978-3-658-26418-5   ISBN 978-3-658-26419-2   (eBook)
https://doi.org/10.1007/978-3-658-26419-2

Die Deutsche Nationalbibliothek verzeichnet diese Publikation in der Deutschen Nationalbibliografie; detaillierte bibliografische Daten sind im Internet über http://dnb.d-nb.de abrufbar.

Springer Gabler

Springer Gabler ist ein Imprint der eingetragenen Gesellschaft Springer Fachmedien Wiesbaden GmbH und ist ein Teil von Springer Nature
Die Anschrift der Gesellschaft ist: Abraham-Lincoln-Str. 46, 65189 Wiesbaden, Germany

Was Sie in diesem *essential* finden können

- Informationen über die Bedeutung des Vereinigten Königreichs im Finanzmarkt.
- Darstellung der Folgen des Brexit auf die Anwendbarkeit des Unionsrechts.
- Umsetzung von Drittstaatenregelungen im Unionsrecht an ausgewählten Beispielen und ihre Bedeutung für die künftige Erbringung von Finanzdienstleistungen.
- Gutachterliche Prüfung der vertraglichen Auswirkungen am Beispiel von § 134 BGB.

Inhaltsverzeichnis

Abkürzungsverzeichnis

Abs.	Absatz
AEUV	Vertrag über die Arbeitsweise der Europäischen Union
AG	Aktiengesellschaft
Alt.	Alternative
Art.	Artikel
Aufl.	Auflage
Az.	Aktenzeichen
BaFin	Bundesanstalt für Finanzdienstleistungsaufsicht
BB	Betriebs-Berater
BdB	Bundesverband deutscher Banken e. V.
BGB	Bürgerliches Gesetzbuch
BGH	Bundesgerichtshof
BKR	Zeitschrift für Bank- und Kapitalmarktrecht
BT-Drs.	Drucksachen des Deutschen Bundestages
bzw.	beziehungsweise
ca.	circa
CCP	Central Counterparty; Zentrale Gegenpartei
CRD IV	Capital Requirements Directive IV; Richtlinie 2013/36/EU
CRR; CRR-VO	Capital Requirements Regulation; Verordnung (EU) Nr. 575/2013
DAI	Deutsches Aktieninstitut e. V.
DIW	Deutsches Institut für Wirtschaftsforschung
e. V.	eingetragener Verein
EBA	European Banking Authority; Europäische Bankenaufsichtsbehörde

EFTA	European Free Trade Association; Europäische Freihandels-assoziation
EIOPA	European Insurance and Occupational Pensions Authority; Europäische Aufsichtsbehörde für das Versicherungswesen und die betriebliche Altersversorgung
EL	Ergänzungslieferung
EMIR	European Market Infrastructure Regulation; Verordnung (EU) Nr. 648/2012
ESA	European Supervisory Authorities; Europäische Finanzaufsichtsbehörden
ESMA	European Securities and Markets Authority; Europäische Wertpapier- und Marktaufsichtsbehörde
et al.	et aliae/ et alii
EU	Europäische Union
EuGH	Europäischer Gerichtshof
EU-Kommission	Europäische Kommission
EuR	Europarecht
Eurex	Eurex Clearing AG
EUV	Vertrag über die Europäische Union
EuZW	Europäische Zeitschrift für Wirtschaftsrecht
EWR	Europäischer Wirtschaftsraum
EZB	Europäische Zentralbank
f.	folgende
FC	Financial Counterparty
FCA	Financial Conduct Authority
ff.	fortfolgende
FIA	Futures Industry Association
GWR	Gesellschafts- und Wirtschaftsrecht
Hrsg.	Herausgeber
Hs.	Halbsatz
insb.	insbesondere
i. S. v.	im Sinne von
i. V. m.	in Verbindung mit
JURA	Juristische Ausbildung
KG	Kammergericht
KWG	Kreditwesengesetz
LCH	LCH Clearnet
LG	Landgericht

lit.	littera
LME	LME Clear Limited
LSE	London Stock Exchange
MiFID I	Markets in Financial Instruments Directive; Richtlinie 2004/39/EG
MiFID II	Markets in Financial Instruments Directive; Richtlinie 2014/65/EU
MiFIR	Markets in Financial Instruments Regulation; Verordnung (EU) Nr. 600/2014
MTF	Multilateral Trading Facility; Multilaterales Handelssystem
MüKo	Münchener Kommentar
n. F.	neue Fassung
NFC	Non-Financial Counterparty, Nicht-finanzielle Gegenpartei
NJW	Neue Juristische Wochenschrift
Nr.	Nummer
o. A.	ohne Autor
o. J.	ohne Jahr
o. S.	ohne Seite
OLG	Oberlandesgericht
OTC	Over the Counter; Außerbörslicher Handel
OTF	Organised Trading Facility; Organisiertes Handelssystem
PRA	Prudential Regulation Authority
QCCP	Qualifying Central Counterparty; Qualifizierte Zentrale Gegenpartei
RdF	Recht der Finanzinstrumente
Rn.	Randnummer
S.	Seite
SI	Systematischer Internalisierer
sog.	sogenannt
StGB	Strafgesetzbuch
SZW/RSDA	Schweizerische Zeitschrift für Wirtschaftsrecht/ Revue Swisse de droit des affaires
u. a.	unter anderem
UAbs.	Unterabsatz
URL	Uniform Resource Locator
Urt.	Urteil
u. U.	unter Umständen
v.	vom

vgl.	vergleiche
VK	Vereinigtes Königreich
WM	Zeitschrift für Wirtschafts- und Bankrecht
WpHG	Gesetz über den Wertpapierhandel
WTO	World Trade Organization; Welthandelsorganisation
ZBB	Zeitschrift für Bankrecht und Bankwirtschaft
ZEuP	Zeitschrift für Europäisches Privatrecht

Einführung

Am 23. Juni 2016 ereignete sich in der Geschichte der Europäischen Union (EU)
ein bislang unbekannter Fall: Die Bevölkerung des Vereinigten Königreichs (VK)
votierte in einem Referendum als erster Mitgliedstaat für einen Austritt aus der
EU („Brexit").[1] Mit der Aussage „No deal is better than a bad deal"[2] brachte die
britische Premierministerin *Theresa May* einige Zeit später ihr Leitprinzip für
die Verhandlungen mit der EU über ein mögliches Austrittsabkommen zum Ausdruck. Die klangvolle Maxime bringt Unsicherheiten mit sich. Unternehmen, die
am Binnenmarkt der EU partizipieren, stehen vor der Frage, welche Vorberei-
tungsmaßnahmen für die Zeit nach dem Brexit zu treffen sind.

Im Bereich des Finanzmarktes ist insbesondere zu klären, unter welchen
Voraussetzungen grenzüberschreitende Finanzdienstleistungen zukünftig erbracht
und in Anspruch genommen werden können. Dieser Fragestellung soll daher im
Folgenden nachgegangen werden. Dabei wird angenommen, dass ein sog. harter
Brexit erfolgt, mithin keine Einigung auf ein Austrittsabkommen mit Regelungen
zu diesem Aspekt erzielt werden kann. Weil der Abkommenstext in der Fassung

---

[1]Streinz 2017, in: Brexit und die juristischen Folgen, S. 17, 17 f.; Wahlbeteiligung: ca.
72 %; davon für den Austritt: ca. 52 %.

[2]Rede der Premierministerin Theresa May vom 21. September 2018 in der 10 Downing
Street. Ausschnitt abrufbar unter https://www.theguardian.com/politics/video/2018/sep/21/
brexit-no-deal-is-better-than-a-bad-deal-says-theresa-may-video (zuletzt abgerufen am
4. März 2019).

© Springer Fachmedien Wiesbaden GmbH, ein Teil von Springer Nature 2019
L. Löbig und D. H. Wendt, *Brexit und der Finanzmarkt*, essentials,
https://doi.org/10.1007/978-3-658-26419-2_1

vom Februar 2019[3] und die diesen begleitende politische Erklärung[4] im Hinblick
auf das Finanzmarktrecht kaum Aussagen treffen, lassen sich die nachstehenden
Ausführungen jedoch auch dann nutzbar machen, wenn das VK und die EU sich
noch auf das Abkommen in seiner aktuellen Fassung einigen sollten. In dem Fall
zeigt die nachfolgende Untersuchung weiteren Verhandlungs- und Regelungs-
bedarf auf. Ferner werden einzelne Übergangsregelungen aus dem von der EU
beschlossenen Aktionsplan für einen harten Brexit beleuchtet.

Der in der *essentials*-Reihe gesetzte Rahmen erfordert eine Schwerpunkt-
setzung. Nach kurzen Ausführungen zum Hintergrund des Brexit (Kap. 2) und zu
den allgemeinen europarechtlichen Folgen (Kap. 3) werden daher zwei besonders
relevante Problemfelder analysiert: Zum einen die regulatorischen Folgen für den
Handel mit Derivaten (Kap. 4), zum anderen die vertraglichen Folgen für den
Eigenhandel (Kap. 5). Das Fazit (Kap. 6) schließt die Untersuchung ab.

---

[3]Abkommen über den Austritt des Vereinigten Königreichs Großbritannien und Nordirland
aus der Europäischen Union und der Europäischen Atomgemeinschaft (2019/C 66 I/01),
Abl. CI 66 vom 19. Februar 2019, S. 1 ff.
[4]Vgl. Politische Erklärung zur Festlegung des Rahmens für die künftigen Beziehungen
zwischen der Europäischen Union und dem Vereinigten Königreich (2019/C 66 I/02), Abl.
C 66l vom 19. Februar 2019, S. 185 ff., Ziff. 37 ff.

Hintergrund

2

2.1 Austrittverfahren und Austrittsabkommen

Das Austrittsverfahren eines EU-Mitgliedstaates richtet sich nach Art. 50 des Vertrages über die Europäische Union (EUV). Gemäß Art. 50 Abs. 1 EUV kann jeder Mitgliedstaat im Einklang mit seinen verfassungsrechtlichen Vorschriften den Austritt aus der EU beschließen. Der Austritt setzt einen nach nationalem Recht gefassten Austrittsbeschluss und eine förmliche Austrittsmitteilung der Regierung des austretenden Staates an den Europäischen Rat (Art. 50 Abs. 2 Satz 1 EUV) voraus.[1] Hierdurch wird das offizielle Austrittsverfahren in Gang gesetzt, welches die Aushandlung eines Austrittsabkommens nach Art. 50 Abs. 2 Satz 2 bis 4 EUV vorsieht.[2]

Am 29. März 2017 teilte die britische Premierministerin *Theresa May* dem Europäischen Rat die Austrittsabsicht des VK in einer Austrittserklärung[3] mit. Das Referendum als solches löste keine europarechtlichen Rechtsfolgen aus, weil es keine rechtlich bindende Wirkung gegenüber der britischen Regierung entfaltete.[4] Erst mit der Erklärung von *Theresa May* wurde das offizielle Austrittsverfahren eingeleitet. Grundsätzlich endet die EU-Mitgliedschaft bei Fehlen eines Austrittsabkommens mit Ablauf der 2-Jahres-Frist nach Art. 50 Abs. 3 EUV. Gemäß der Terminologie des Unionsrechts wird das VK sodann zum Drittstaat.[5]

---

[1]Mayer/Manz, BB 2016, S. 1731, 1731.

[2]Skouris, EuZW 2016, S. 806, 808.

[3]Vgl. hierzu Regierung des VK 2017.

[4]Paulus 2017, in: Brexit und die juristischen Folgen, S. 101, 103.

[5]Basedow, ZEuP 2016, S. 567, 571.

© Springer Fachmedien Wiesbaden GmbH, ein Teil von Springer Nature 2019
L. Löbig und D. H. Wendt, *Brexit und der Finanzmarkt,* essentials,
https://doi.org/10.1007/978-3-658-26419-2_2

Am 25. November 2018 wurde der Entwurf eines Brexit-Austrittsabkommens („Brexit-Abkommen")[6] von den verbleibenden EU-Mitgliedstaaten angenommen. Hierin werden die künftigen Beziehungen zwischen der EU und dem VK geregelt.[7] In dem Brexit-Abkommen wurde eine Einigung über eine Übergangsphase bis zum 31. Dezember 2020 getroffen.[8] Das Unionsrecht würde, einschließlich dem Zugang zum Binnenmarkt, in diesem Zeitraum unverändert für das VK gelten; das VK hätte jedoch kein Mitbestimmungsrecht in der EU.[9] Das Brexit-Abkommen wird durch eine politische Erklärung[10] begleitet. Hierin wird „der Rahmen für die künftigen Beziehungen" (Art. 50 Abs. 2 Satz 2 EUV) in einzelnen Bereichen skizziert. Die Zukunft von Finanzdienstleistungen wird in diesem Dokument in drei Stichpunkten beschrieben.[11] Ein zentraler Aspekt ist die Regelung, dass nach dem Brexit Finanzdienstleistungen durch Äquivalenzentscheidungen[12] ermöglicht werden können, die bis Mitte 2020 abgeschlossen sein sollen.

Das Inkrafttreten des Brexit-Abkommens hängt von der Zustimmung des britischen Parlamentes ab. Diese fehlt bislang.[13]

2.2   Harter Brexit

Unter dem sog. „harten Brexit" wird ein „No-Deal-Szenario" verstanden, in dem die Austrittsverhandlungen scheitern und das VK ohne Austrittsabkommen oder sonstige Übergangsregelungen aus der EU austreten wird.[14] In diesem Fall würde das VK als Drittstaat den Regelungen der Welthandelsorganisation (World Trade Organization, WTO) unterliegen.[15] Für den Fall des harten Brexit ist davon auszugehen, dass das VK auch nicht länger dem Europäischen Wirtschaftsraum

---

[6]Regierung des VK 2018 a.

[7]EU-Kommission 2018 b, o. S.

[8]Art. 126 des Brexit-Abkommens.

[9]EU-Kommission 2018 a, o. S. Abschnitt „What has been agreed today?".

[10]Regierung des VK 2018 b.

[11]Hierzu und im Folgenden: Regierung des VK 2018 b, S. 8 f.

[12]Vgl. hierzu die Ausführungen unter Ziffer 4. 2.

[13]Vgl. zum Diskussionsprozess etwa Pressemitteilung des britischen Parlaments vom 16. Januar 2019. URL: https://www.parliament.uk/business/news/2019/parliamentary-news-2019/meaningful-vote-on-brexit-resumes-in-the-commons/ (zuletzt abgerufen am 3. Mai 2019).

[14]Kastl 2018, S. 6.

[15]Mayer/Manz, BB 2016, S. 1731, 1731.

(EWR) angehören wird. *Theresa May* hat bereits angekündigt, mit dem Austritt aus der EU auch den Zugang zum Binnenmarkt aufgeben zu wollen. In der Austrittsmitteilung an den Europäischen Rat vom 29. März 2017 ist zu lesen: *„That is why the United Kingdom does not seek membership of the single market."*[16] Ein Verbleib im EWR würde dem widersprechen.

2.3 Bedeutung für den Finanzmarkt

Das VK und insbesondere die Metropole London haben eine bemerkenswerte Stellung im internationalen Finanzmarkt. Mit einem Anteil von ca. 1/5 der globalen Bankaktivität verfügt das VK über einen der weltweit aktivsten Bankensektoren.[17] Europas größter Börsenplatz ist mit der London Stock Exchange (LSE) im VK angesiedelt.[18] Britische Unternehmen wickeln ca. 1/3 des Großkundengeschäfts der EU im Bankensektor ab; dieser Anteil entspricht den Aktivitäten von Deutschland, Frankreich und Italien zusammen.[19] Neben den Abwicklungstätigkeiten verfügt das VK über eine Clearinginfrastruktur, die in der EU am weitesten entwickelt ist.[20] Die Bedeutung Londons im Clearinggeschäft von Derivaten wird daher in dem Kap. 4.4.2 näher beleuchtet. Darüber hinaus waren im Jahre 2017 die meisten Arbeitnehmer im europäischen Finanzsektor in London beschäftigt, gefolgt von Paris und Zürich.[21]

Auch nach dem Brexit besteht ein besonderes Interesse daran, den Zugang zum britischen bzw. europäischen Finanzmarkt zu erhalten. Es ist also zu klären, ob grenzüberschreitende Finanzdienstleistungen[22] weiterhin vom Heimatstaat aus in der EU bzw. im VK erbracht werden können und somit keine neuen Niederlassungen ausgegründet werden müssen. Auf einen möglichen harten Brexit hat der deutsche Gesetzgeber im Frühjahr 2019 mit der Verabschiedung des sog. Brexit-Steuerbegleitgesetzes (Brexit-StBG) reagiert. Der Rechtsakt sieht u.a. Änderungen nationaler Aufsichtsgesetze zugunsten grenzüberschreitender Finanzdienstleistungen vor.

---

[16]Regierung des VK 2017, S. 4.
[17]Miethe/Pothier 2016, S. 682.
[18]Lannoo 2017, in: After Brexit, S. 385, 387.
[19]Oster/Schlichting 2017, S. 24.
[20]Lannoo 2017, in: After Brexit, S. 385, 387.
[21]Oster/Schlichting 2017, S. 25.
[22]Vgl. hierzu Sethe, SZW/RSDA 2014, S. 615, 620.

Europarechtliche Auswirkungen

3

Im (allgemeinen) Europarecht wird zwischen Primär-, Sekundär- und Tertiärrecht unterschieden.[1]

3.1 Primärrecht

3.1.1 Definition

Das Primärrecht bildet die rechtliche Grundlage der EU und umfasst den EUV und den Vertrag über die Arbeitsweise der Europäischen Union (AEUV).[2] Darüber hinaus zählen die zugehörigen Protokolle und Annexe, die Charta der Grundrechte der Europäischen Union sowie die allgemeinen Grundsätze zu den primären Rechtsquellen.[3]

Ein zentraler Bestandteil des Primärrechts sind die Grundfreiheiten bzw. Marktfreiheiten[4] der EU, welche die in Art. 3 EUV genannten Ziele der EU durch die Errichtung eines gemeinsamen Binnenmarktes verwirklichen.[5] Die Marktfreiheiten setzen sich zusammen aus der Warenverkehrsfreiheit (Art. 34 ff. AEUV), der Personenverkehrsfreiheit (Niederlassungsfreiheit gemäß

---

[1]Das Recht der EU/*Nettesheim,* 2018, Art. 288 AEUV Rn. 26.

[2]Art. 1 Abs. 3 Satz 1 EUV, Art. 1 Abs. 2 Satz 1 AEUV.

[3]Wendt, JURA 2015, S. 1275, 1275.

[4]Vgl. hierzu Kilian/Wendt 2017, Rn. 228 ff.

[5]Das Recht der EU/*Terhechte,* 2018, Art. 3 EUV Rn. 40.

© Springer Fachmedien Wiesbaden GmbH, ein Teil von Springer Nature 2019
L. Löbig und D. H. Wendt, *Brexit und der Finanzmarkt,* essentials,
https://doi.org/10.1007/978-3-658-26419-2_3

Art. 49 ff. AEUV und Arbeitnehmerfreizügigkeit gemäß Art. 45 ff. AEUV), der Dienstleistungsfreiheit (Art. 56 ff. AEUV) und der Kapital- und Zahlungsverkehrsfreiheit (Art. 63 ff. AEUV).[6]

3.1.2 Folgen aus dem Brexit

Aus Art. 50 Abs. 3 EUV folgt, dass die Gründungsverträge ab dem Tag des Inkrafttretens des Austrittsabkommens oder anderenfalls mit Ablauf der Zweijahresfrist auf das VK nicht mehr anwendbar sind, wenn sich EU und VK nicht zwischenzeitlich auf eine Verlängerung der Frist geeinigt haben.

Dies hat zur Folge, dass das VK, einschließlich seiner Bürger, insb. nicht mehr von den Marktfreiheiten Gebrauch machen kann. Eine Ausnahme der Nichtanwendbarkeit betrifft die Kapital- und Zahlungsverkehrsfreiheit. Gemäß Art. 63 AEUV darf weder der Kapitalverkehr (Abs. 1) noch der Zahlungsverkehr (Abs. 2) zwischen Mitgliedstaaten und Drittstaaten beschränkt werden. Von den anderen Marktfreiheiten können dagegen nur Unionsbürger bzw. in der EU ansässige Unternehmen profitieren.[7]

Als problematisch erweist sich, dass die Marktfreiheiten oft nicht klar abgegrenzt werden können und Überschneidungen auftreten.[8] Dies trifft auch auf die Erbringung von Finanzdienstleistungen zu. Drittstaaten können sich nicht ausschließlich auf die Kapital- und Zahlungsverkehrsfreiheit berufen, da für das Tätigwerden gegebenenfalls auch die Dienstleistungs- und Niederlassungsfreiheit oder die Arbeitnehmerfreizügigkeit berührt werden könnten. Zudem erlaubt Art. 64 Abs. 1 Satz 1 AEUV Beschränkungen für Drittländer hinsichtlich der Erbringung von Finanzdienstleistungen.

3.2 Sekundärrecht

3.2.1 Definition und Abgrenzung

Unter dem sekundären Unionsrecht versteht man Rechtsakte, die das Europäische Parlament, der Rat und die Europäische Kommission (EU-Kommission)

---

[6]Wendt, JURA 2015, S. 1275, 1277.
[7]Dourado 2017, in: After Brexit, S. 325, 327.
[8]Hierzu und im Folgenden: Dourado 2017, in: After Brexit, S. 325, 328 f.

auf Grundlage der Gründungsverträge erlassen haben.[9] Zu dem Sekundärrecht gehören die in Art. 288 Abs. 1 AEUV aufgeführten Rechtsakte, mithin Verordnungen, Richtlinien, Beschlüsse, Empfehlungen und Stellungnahmen.

Verordnungen entfalten eine allgemeine Geltung, sind in allen ihren Teilen verbindlich und gelten unmittelbar und für jedermann und in jedem Mitgliedstaat gemäß Art. 288 Abs. 2 AEUV.[10] Für die Geltung der Verordnungen ist keine Veränderung oder Schaffung nationaler Gesetze erforderlich.[11]

Richtlinien müssen von den Mitgliedstaaten zunächst in nationales Recht umgesetzt werden, wobei ihnen die Wahl der Form und der Mittel überlassen wird (Art. 288 Abs. 3 AEUV).[12] Die Mitgliedstaaten sind verpflichtet, die in der Richtlinie manifestierten Vorgaben vollständig, genau und rechtswirksam innerhalb einer Frist zu verwirklichen.[13] Dies kann durch Änderung bestehender nationaler Gesetze oder Schaffung neuer Gesetze erfolgen.[14]

Beschlüsse i. S. v. Art. 288 Abs. 4 AEUV sind verbindliche Rechtsakte, die sich an einen individuellen Adressatenkreis richten.[15] Zu den Adressaten können natürliche und juristische Personen sowie die Mitgliedstaaten gehören.[16] Mit den Beschlüssen werden primär Einzelfallentscheidungen, aber auch abstrakt-generelle Regelungen getroffen.[17]

Empfehlungen und Stellungnahmen (Art. 288 Abs. 5 AEUV) entfalten keine rechtliche Bindung und begründen weder Rechte noch Pflichten für ihre Adressaten.[18] Empfehlungen legen dem Adressaten ein bestimmtes Verhalten nahe, während Stellungnahmen eine sachverständige Meinung zu einer gegenwärtigen Lage äußern.[19]

---

[9]Europarecht/*Schulze/Kadelbach,* 2015, § 2 Rn. 36.

[10]Europäisches Unionsrecht/*Geismann,* 2015, Art. 288 AEUV Rn. 32.

[11]EUV/AEUV/*Kotzur,* 2017, Art. 288 AEUV Rn. 8.

[12]EUV/AEUV/*Ruffert,* 2016, Art. 288 AEUV Rn. 23.

[13]Wendt, JURA 2015, S. 1275, 1276.

[14]Wendt, JURA 2015, S. 1275, 1276.

[15]EUV/AEUV/*Kotzur,* 2017, Art. 288 AEUV Rn. 21.

[16]EUV/AEUV/*Kotzur,* 2017, Art. 288 AEUV Rn. 21.

[17]Wendt, JURA 2015, S. 1275, 1276.

[18]Falter/Rüdel, GWR 2016, S. 475, 476.

[19]EUV/AEUV/*Ruffert,* 2016, Art. 288 AEUV Rn. 96.

Einen weiteren Teil des Sekundärrechts bildet die Rechtsprechung des Europäischen Gerichtshofes (EuGH), dessen Urteile der Anwendung und Auslegung des Unionsrechts dienen (Art. 19 Abs. 1 Satz 2 EUV).[20]

3.2.2 Folgen aus dem Brexit

Aus Art. 50 Abs. 3 EUV folgt, dass das auf den Gründungsverträgen basierende Sekundärrecht auf das VK als künftiger Drittstaat nicht mehr anwendbar sein wird.[21] Somit sind Verordnungen nach dem Brexit aufgrund ihrer unmittelbaren Geltung nicht mehr für das VK verbindlich. Gleichzeitig ist das VK nicht mehr verpflichtet, Beschlüsse einzuhalten.

EU-Richtlinien finden nach dem Brexit ebenfalls keine Anwendung mehr auf das VK. Für die Zukunft trifft das VK daher keine Umsetzungspflicht.[22] Nationale Gesetze, die Richtlinienvorgaben bereits umgesetzt haben, gelten indessen so lange fort,[23] bis das VK diese Regelungen wieder ändert.

Hinsichtlich der Geltung von Stellungnahmen und Empfehlungen ergeben sich aufgrund ihrer ohnehin unverbindlichen Natur grundsätzlich keine Änderungen durch den Brexit. Zudem ist das VK für die Auslegung des nationalen Rechts künftig nicht mehr an die Rechtsprechung des EuGH gebunden.[24]

3.3 Tertiärrecht

3.3.1 Definition

Der EU-Gesetzgeber kann den Erlass bestimmter Rechtsakte an die EU-Kommission delegieren. Diese Rechtsakte werden als das Tertiärrecht der EU bezeichnet.[25]

---

[20]Falter/Rüdel, GWR 2016, S. 475, 475 f.
[21]Poelzig/Bärnreuther 2017, in: Brexit und die juristischen Folgen, S. 153, 153 f.
[22]Poelzig/Bärnreuther 2017, in: Brexit und die juristischen Folgen, S. 153, 160.
[23]Basedow, ZEuP 2016, S. 567, 570.
[24]Falter/Rüdel, GWR 2016, S. 475, 476.
[25]Das Recht der EU/*Nettesheim,* 2018, Art. 288 Rn. 31.

Die EU-Kommission kann mit der Formulierung von delegierten Rechtsakten (Art. 290 AEUV) und Durchführungsrechtsakten (Art. 291 AEUV) betraut werden. Die delegierten Rechtsakte dienen der Ergänzung und Änderung bestimmter nicht wesentlicher Vorschriften (Art. 290 Abs. 1 AEUV). Die EU-Kommission und ausnahmsweise auch der Rat werden gemäß Art. 291 Abs. 2 AEUV dazu ermächtigt, einheitliche Bedingungen für die Durchführung von verbindlichen Unionsrechtsakten, sogenannter Basisrechtsakte, zu erlassen.[26] Basisrechtsakte sind beispielsweise sekundärrechtliche Richtlinien.[27]

Im Finanzmarktrecht sind die Tertiärrechtsakte überwiegend auf die drei europäischen Finanzaufsichtsbehörden (European Supervisory Authorities, ESA) zurückzuführen, die von der EU-Kommission zur Mitgestaltung ermächtigt werden.[28] Die Europäische Bankenaufsichtsbehörde (European Banking Authority, EBA), die Europäische Aufsichtsbehörde für Versicherungswesen und die betriebliche Altersversorgung (European Insurance and Occupational Pensions Authority, EIOPA) und die Europäische Wertpapieraufsichtsbehörde (European Securities Markets Authority, ESMA) bereiten die delegierten Rechtsakte und Durchführungsrechtsakte in Form von sogenannten technischen Standards zur Vorlage vor.[29] Die technischen Standards werden anschließend von der EU-Kommission in Form von Rechtsakten i. S. v. Art. 290, 291 AEUV erlassen.[30]

Die Kompetenzen der ESA erstrecken sich zudem auf die Erstellung und Veröffentlichung von Leitlinien und Empfehlungen.[31] Die bislang verfassten Leitlinien richten sich an die nationalen Aufsichtsbehörden. Dem Grunde nach sollen Leitlinien unverbindlich sein,[32] durch den angewandten *Comply-or-Explain*-Mechanismus wird ihnen allerdings eine faktische Bindungswirkung zugesprochen.

---

[26]Kalss 2014, in: Europäische Methodenlehre, S. 453, 457.

[27]Kalss 2014, in: Europäische Methodenlehre, S. 453, 457.

[28]Wendt, JURA 2015, S. 1275, 1277.

[29]Wendt, JURA 2015, S. 1275, 1277; zu den Grenzen sog. technischer Durchführungsstandards vgl. Bergold/Wendt, EuR 2019, S. 86, 107 ff.

[30]Lehmann/Manger-Nestler, ZBB 2011, S. 2, 10.

[31]Lehmann/Manger-Nestler, ZBB 2011, S. 2, 10.

[32]Wendt, JURA 2015, S. 1275, 1277.

3.3.2 Folgen aus dem Brexit

Indem die sekundärrechtlichen Basisrechtsakte ihre Geltung nach dem Brexit verlieren, werden zugleich die sie ergänzenden delegierten Rechtsakte und Durch-
führungsakte nicht mehr auf das VK anwendbar sein. Aufgrund der durchaus
beeindruckenden Vielzahl an delegierten Rechtsakten und technischen Standards
im Finanzmarktrecht entsteht hierdurch eine ebenso bedeutsame regulatorische
Lücke.

Regulatorische Auswirkungen 4

Im Folgenden wird zunächst erörtert, welche europäischen Vorgaben derzeit den Zugang zum Finanzmarkt der EU sicherstellen und wie sich der Brexit hierauf auswirkt.

4.1 Europäischer Pass

Der Europäische Pass ermöglicht CRR-Kreditinstituten[1] und Wertpapier-handelsunternehmen[2], die in der EU oder dem EWR ansässig sind, grenzüber-schreitende Tätigkeiten innerhalb des EU-Binnenmarktes zu erbringen.[3] Die Tätigkeit in einem anderen Mitgliedstaat („Zielmitgliedstaat") kann entweder im Rahmen der Niederlassungsfreiheit über eine Zweigniederlassung oder im Rahmen der Dienstleistungsfreiheit im Wege des grenzüberschreitenden Dienstleistungsverkehrs ausgeübt werden.[4] Hierfür bedarf es keiner gesonderten Erlaubnis der Aufsichtsbehörde eines Zielmitgliedstaates, wenn die Unternehmen die Voraussetzungen des Europäischen Passes erfüllen.[5]

---

[1]Zum Begriff eines CRR-Kreditinstituts siehe § 1 Abs. 3d Satz 3 KWG.
[2]Zum Begriff eines Wertpapierhandelsunternehmens siehe § 1 Abs. 3d Satz 1 KWG i. V. m. Art. 4 Abs. 1 Nr. 1 CRR.
[3]Nemeczek/Pitz, WM 2017, S. 120, 120.
[4]Herz, EuZW 2017, S. 993, 993.
[5]KWG, CRR-VO/*Braun*, 2016, § 24a KWG Rn. 1.

© Springer Fachmedien Wiesbaden GmbH, ein Teil von Springer Nature 2019
L. Löbig und D. H. Wendt, *Brexit und der Finanzmarkt,* essentials,
https://doi.org/10.1007/978-3-658-26419-2_4

4.1.1 Hintergrund

Der Grundsatz der gegenseitigen Anerkennung und das Herkunftslandprinzip ermöglichen, dass die aufsichtsrechtliche Erlaubnis des Herkunftsmitglied-staates innerhalb des EWR anerkannt wird.[6] Hierfür bedarf es allein der Durch-führung eines einmaligen Notifikationsverfahrens im Herkunftsmitgliedstaat.[7] Nach Abschluss der Notifikation informiert die Aufsichtsbehörde des Heimat-mitgliedstaates die Aufsichtsbehörde des Zielmitgliedstaates über die grenzüber-schreitenden Aktivitäten.[8]

4.1.2 Europäischer Pass im deutschen Recht

Das Kreditwesengesetz (KWG) sieht diverse Erlaubnispflichten für das Tätigwerden am deutschen Finanzmarkt vor.[9] Der Europäische Pass ermöglicht Ausnahmen von der grundsätzlichen Erlaubnispflicht nach nationalem Recht. Beabsichtigen CRR-Kreditinstitute und Wertpapierhandelsunternehmen aus dem VK, am deutschen Finanzmarkt tätig zu werden, ist nach § 53b Abs. 1 Satz 1 KWG eine Notifikation der Prudential Regulation Authority (PRA) bzw. der Financial Conduct Authority (FCA) ausreichend.[10] Die Inanspruchnahme des Europäischen Passes setzt voraus, dass die Unternehmen im VK über eine Zulassung der PRA bzw. der FCA verfügen, die Geschäfte von dieser Zulassung abgedeckt sind und die Institute von den Auf-sichtsbehörden im Einklang mit dem Unionsrecht beaufsichtigt werden.[11]

4.1.3 Folgen aus dem Brexit

Nach dem Brexit werden CRR-Kreditinstitute und Wertpapierhandelsunter-nehmen aus dem VK ihren Europäischen Pass verlieren, weil sie nicht mehr in der EU oder im EWR sind. Das Erbringen von grenzüberschreitenden Finanz-dienstleistungen ist damit künftig von den Drittstaatenregelungen abhängig, die

---

[6]Nemeczek/Pitz, WM 2017, S. 120, 121.
[7]Miethe/Pothier 2016, S. 682.
[8]Herz, EuZW 2017, S. 993, 993.
[9]Vgl. hierzu die Ausführungen unter Ziffer 5. 1.
[10]Nemeczek/Pitz, WM 2017, S. 120, 121.
[11]Nemeczek/Pitz, WM 2017, S. 120, 121 f.

im Unionsrecht verankert sind. Der deutsche Gesetzgeber hat mit dem Brexit-StBG einen neuen § 53b Abs. 12 KWG eingeführt. Hiernach kann die BaFin im Fall eines harten Brexit entscheiden, dass die Vorschriften der Absätze 1 bis 9 nach dem Austrittsdatung auf Institute des VK entsprechend anzuwenden sind. Im Ergebnis könnten damit die Regelungen zum Europäischen Pass unter bestimmten Voraussetzungen für einen Übergangszeitraum von maximal 21 Monaten weiterhin gelten.

4.2   Unionsrechtliche Drittstaatenregelungen

Finanzdienstleistern aus Drittstaaten wird der Marktzugang zur EU durch sog. Drittstaatenregelungen ermöglicht.[12] Das Unionsrecht sieht jedoch kein einheitliches Drittstaatenregime vor.[13] Während einige EU-Rechtsakte weitgehende Drittstaatenregelungen vorsehen, lassen andere dieses Themenfeld unbehandelt.[14]

Um Drittstaatenregelungen in Anspruch nehmen zu können, ist eine sog. Äquivalenzentscheidung der EU-Kommission erforderlich.[15] Die Voraussetzungen für die Äquivalenzentscheidung bestimmen sich nach dem jeweils maßgeblichen Rechtsakt. Folglich ist das Entscheidungsverfahren innerhalb der EU heterogen.[16] Im Kern erfordert die Äquivalenzentscheidung, dass der jeweilige Drittstaat über einen gleichwertigen Rechtsrahmen und eine gleichwertig effektive Aufsichtspraxis durch nationale Behörden verfügt.[17] Die Äquivalenzentscheidung kann daher auch zurückgenommen werden, wenn Abweichungen zwischen dem EU-Recht und dem Drittstaatenrecht festgestellt werden.[18]

Wie aufgezeigt, kann das VK nach dem Brexit nationale Gesetze unabhängig von europäischen Vorgaben ändern.[19] Die damit gewonnene Gestaltungsfreiheit findet mit Blick auf die für einen Marktzugang erforderliche Äquivalenzentscheidung allerdings schnell ihre Grenzen. Das VK müsste sich hierfür auch

---

[12]DAI 2017 b, S. 20.

[13]Sethe, SZW/RSDA 2014, S. 615, 617.

[14]Lannoo 2017, in: After Brexit, S. 385, 392.

[15]EU-Kommission, o. J., o. S., Abschnitt „Equivalence decisions".

[16]BdB 2018, S. 4.

[17]EU-Kommission, o. J., o. S., Abschnitt „Equivalence assessment".

[18]Lannoo 2017, in: After Brexit, S. 385, 392.

[19]Poelzig/Bärnreuther 2017, in: Brexit und die juristischen Folgen, S. 153, 160 f.

nach dem Brexit bei der Finanzmarktregulierung am Unionsrecht orientieren und etwaige Änderungen im nationalen Recht nachbilden. Ein Widerspruch beider Regelungswelten steht dem Erlass einer Äquivalenzentscheidung entgegen. Im diesem Zusammenhang kann der vom deutschen Gesetzgeber mit dem Brexit-StBG eingeführte § 64m Abs. 2 KWG bedeutsam sein.

Im Folgenden werden anhand zweier in der Finanzwirtschaft besonders relevanter Beispiele die aufgezeigten Risiken näher erörtert.

4.3   Finanzdienstleistungen am Beispiel der MiFID II und MiFIR

Die seit dem 3. Januar 2018 anwendbare Richtlinie 2014/65/EU (MiFID II) und die Verordnung (EU) Nr. 600/2014 (MiFIR) bilden den rechtlichen Rahmen für die Erbringung von Wertpapierdienstleistungen in der EU.[20] Die Vorgaben bezwecken u. a., den Handel mit Finanzinstrumenten auf organisierte und weitgehend regulierte Handelsplätze zu verlagern.[21] Dies soll zu einem stabileren Finanzmarkt mit hohem Anlegerschutzniveau führen.[22]

4.3.1   Regelungsinhalt der MiFID II/MiFIR

In den Anwendungsbereich der Regelwerke fallen Wertpapierfirmen, Marktbetreiber, Datenbereitstellungsdienste und Drittlandfirmen, die in der Union durch die Einrichtung einer Zweigniederlassung Wertpapierdienstleistungen erbringen oder Anlagetätigkeiten ausüben (Art. 1 Abs. 1 MiFID II).

Der Handel von Wertpapieren kann bilateral, d. h. über außerbörslich (Over the Counter, OTC) geregelte Marktplätze oder durch einen Systematischen Internalisierer (SI)[23] sowie auf multilateralem Wege erfolgen.[24] Für den Handel von

---

[20]Gomber/Nassauer, ZBB 2014, S. 250, 251.
[21]Weber, NJW 2018, S. 995, 995; Erwägungsgrund 11 MiFIR.
[22]Erwägungsgrund 164 MiFID II.
[23]Zu dem Begriff eines SI siehe Art. 4 Abs. 1 Nr. 20 MiFID II.
[24]Gomber/Nassauer, ZBB 2014, S. 250, 253.

Nichteigenkapitalinstrumenten[25] wurde durch MiFID II das sog. organisierte Handelssystem[26] (Organised Trading Facility, OTF) eingeführt. Aufgrund dieser Neudefinition eines Handelsplatzes konnte insbesondere für den OTC-Handel eine bislang offene regulatorische Lücke geschlossen werden, weil diese Handelsplätze nun von nationalen Aufsichtsbehörden zugelassen und beaufsichtigt werden müssen.[27]

Durch Art. 3 ff. MiFIR wird eine verstärkte Transparenz an Handelsplätzen geschaffen. Die Ausführung von Wertpapieraufträgen wird einer Pflicht zur Vor- und Nachhandelstransparenz unterworfen.[28] Transaktionen über Eigenkapitalinstrumente[29] und über Nichteigenkapitalinstrumente sind meldepflichtig.[30] Die Meldeanforderungen sind in Art. 24 ff. MiFIR geregelt.

Zu den weiteren zentralen Regelungen gehört die Handelspflicht für Aktien und Derivate.[31] Darüber hinaus bestehen Vorgaben zur Stärkung des Anlegerschutzes[32] und zum Hochfrequenzhandel.[33] Ferner unterliegen die Adressaten bestimmten Verhaltens- und Organisationspflichten.[34]

4.3.2 Drittstaatenregime

Das Drittstaatenregime der MiFID II/MiFIR differenziert zwischen den folgenden Anlegergruppen, die in unterschiedlichem Maße schutzbedürftig sind:

---

[25]Der Begriff eines Nichteigenkapitalinstruments umfasst Schuldverschreibungen, strukturierte Finanzprodukte, Emissionszertifikate und Derivate; vgl. die Überschrift des Art. 6 MiFIR.

[26]Zu dem Begriff eines OTF siehe Art. 4 Abs. 1 Nr. 23 MiFID II.

[27]Dreyer/Delgado-Rodriguez 2015, in: Europäische Finanzmarktregulierung, S. 39, 50.

[28]Erwägungsgrund 10 MiFIR.

[29]Der Begriff eines Eigenkapitalinstruments umfasst Aktien, Aktienzertifikate, börsengehandelte Fonds, Zertifikate und andere vergleichbare Finanzinstrumente; vgl. die Überschrift des Art. 3 MiFIR.

[30]Wenzel/Coridaß 2015, in: Europäische Finanzmarktregulierung, S. 11, 17 f.

[31]Gomber/Nassauer, ZBB 2014, S. 250, 255.

[32]Vertiefend in Pfisterer 2016, S. 17 ff.

[33]Vertiefend in Gomber/Nassauer, ZBB 2014, S. 250, 257.

[34]Vertiefend in Buck-Heeb/Poelzig, BKR 2017, S. 485 ff.

a) Geborene professionelle Kunden[35] und geeignete Gegenparteien[36]; und
b) Kleinanleger[37] und Kleinanleger, die beantragt haben, als professionelle Kunden behandelt zu werden („gekorene professionelle Kunden")[38, 39].

Geborene professionelle Kunden und geeignete Gegenparteien
Institute aus Drittstaaten, die Finanzdienstleistungen an geborene professionelle Kunden und geeignete Gegenparteien grenzüberschreitend erbringen möchten, müssen in das Register der ESMA für zugelassene sog. Drittlandfirmen eingetragen werden.[40] Erforderlich ist, dass die Drittlandfirmen die Voraussetzungen des Art. 46 Abs. 2 MiFIR[41] erfüllen. Das infrage stehende Drittland muss über eine Äquivalenzentscheidung der EU-Kommission verfügen.[42] Die Drittlandfirma muss nach nationalen Vorschriften die betreffenden Tätigkeiten in der EU erbringen dürfen und wirksam beaufsichtigt werden.[43] Ferner muss eine Kooperationsvereinbarung zwischen der ESMA und den zuständigen Aufsichtsbehörden des Drittlandes vorliegen.[44] Sind diese Voraussetzungen gegeben, ist die Errichtung einer Zweigstelle in der EU nicht mehr erforderlich.[45]

Errichtet die Drittlandfirma dennoch eine Zweigniederlassung in der EU, kann sie gemäß Art. 47 Abs. 3 UAbs. 1 MiFIR für Geschäfte mit geborenen professionellen Kunden und geeigneten Gegenparteien von den Vorteilen des Europäischen Passes Gebrauch machen und somit innerhalb der gesamten EU tätig werden.

Kleinanleger und gekorene professionelle Kunden
Für Geschäfte mit Kleinanlegern und gekorenen professionellen Kunden (sog. „Retailgeschäft") obliegt die Zuständigkeit für die Drittstaatenregelungen den

---

[35]Siehe die Definition in Art. 4 Abs. 1 Nr. 10 MiFID II i. V. m. Anhang II Abschnitt I MiFID II.

[36]Siehe die Definition in Art. 30 Abs. 2 MiFID II.

[37]Siehe die Definition in Art. 4 Abs. 1 Nr. 11, Nr. 10 MiFID II i. V. m. Anhang II Abschnitt I MiFID II. Der Begriff „Privatkunde" wird oftmals synonym verwendet, vgl. hierzu Kerssenbrock 2017, S. 39.

[38]Siehe die Definition in Art. 4 Abs. 1 Nr. 10 i. V. m. Anhang II Abschnitt II MiFID II.

[39]Kerssenbrock 2017, S. 39.

[40]Schuster/Pitz/Matzen, ZBB 2018, S. 197, 198.

[41]Vgl. hierzu auch Sethe, SZW/RSDA 2014, S. 615, 624.

[42]Art. 46 Abs. 2 lit. a, Art. 47 Abs. 1 MiFIR.

[43]Art. 46 Abs. 2 lit. b MiFIR.

[44]Art. 46 Abs. 2 lit. c, Art. 47 Abs. 2 MiFIR.

[45]Art. 46 Abs. 1 MiFIR.

EU-Mitgliedstaaten.[46] Art. 39 Abs. 1 MiFID II räumt den Mitgliedstaaten insoweit eine Wahlmöglichkeit ein: So können Mitgliedstaaten anordnen, dass die in einem Drittstaat ansässigen Wertpapierfirmen einer Zweigniederlassung bedürfen, wenn sie beabsichtigen, Wertpapierdienstleistungen oder Anlagetätigkeiten in ihrem Hoheitsgebiet anzubieten. Für die Zulassung der Zweigstelle sind die in Art. 39 ff. MiFID II genannten Voraussetzungen maßgeblich. Im Falle einer positiven Zulassungsentscheidung ist diese auf das Gebiet des Zielmitgliedstaates beschränkt. Drittlandfirmen können somit nicht die Erleichterungen des Europäischen Passes beanspruchen.[47] Mitgliedstaaten können aber auch vorsehen, dass keine Errichtung einer Zweigniederlassung erforderlich ist.[48]

4.3.3   Post-Brexit-Szenario

Für Geschäfte mit geborenen professionellen Kunden und geeigneten Gegenparteien in der EU müssen VK-Finanzmarktteilnehmer nach dem Brexit eine Zulassung bei der ESMA beantragen. Das VK ist auf die positive Äquivalenzentscheidung unter MiFID II/MiFIR angewiesen. Anderenfalls wäre es britischen Finanzinstituten versagt, innerhalb der EU Dienstleistungen für geborene professionelle Kunden und geeignete Gegenparteien zu erbringen.

Für das Retailgeschäft gilt, dass britische Institute nach dem Brexit die individuellen Drittstaatenregelungen der einzelnen Mitgliedstaaten erfüllen müssen, um in ihren Hoheitsgebieten Finanzdienstleistungen erbringen zu können. In jedem Mitgliedstaat, in dem Finanzdienstleistungen grenzüberschreitend erbracht werden sollen, müssen Unternehmen aus dem VK individuell eine Zulassung beantragen. Dies bringt operationellen Aufwand und Kosten mit sich.[49] Darüber hinaus können Unternehmen nach nationalem Recht der Pflicht unterworfen werden, eine zulassungsbedürftige Zweigniederlassung zu errichten. Eine fehlende oder nicht zugelassene Zweigniederlassung hätte zur Folge, dass sie innerhalb der EU keine Finanzdienstleistungen für diese Kundengruppen mehr erbringen dürfen. Im Ergebnis kann das Retailgeschäft nach dem Brexit unter Umständen nicht in jedem Mitgliedstaat betrieben werden.

---

[46]Erwägungsgrund 109 MiFID II.
[47]Sethe, SZW/RSDA 2014, S. 615, 630. Vgl. hierzu auch Erwägungsgrund 109 MiFID II, Erwägungsgrund 41 Satz 2 MiFIR.
[48]Hierzu und im Folgenden: Sethe, SZW/RSDA 2014, S. 615, 628.
[49]Berger/Badenhoop, WM 2018, S. 1078, 1078.

4.3.4   Ausweg passive Dienstleistung?

Vor diesem Hintergrund stellt sich die Frage, welche Abweichungen in Bezug auf
die sog. passive Finanzdienstleistung bestehen, wenn ein in der EU ansässiger
Kunde also aktiv die Finanzdienstleistung aus bzw. in einem Drittstaat anfragt.[50]

Art. 42 MiFID II normiert eine Ausnahme von der Erforderlichkeit einer
zugelassenen Zweigniederlassung für Geschäfte, bei denen die Initiative zur
Finanzdienstleistung von dem Dienstleistungsempfänger ausgeht. Unerheblich
ist dabei, ob sich der EU-Kunde auf eigene Initiative tatsächlich in den Drittstaat
begibt oder ob er auf eigene Initiative mit der Drittlandfirma Kontakt aufnimmt.[51]

Im Fall der passiven Finanzdienstleistung bedürften Unternehmen aus Drittstaaten folglich im Grundsatz keiner Erlaubnispflicht in den EU-Mitgliedstaaten.[52] Finanzmarktteilnehmer aus dem VK könnten die Errichtung von
zulassungsbedürftigen Zweigniederlassungen in der EU vermeiden, indem sie
ihre Tätigkeiten auf die passive Finanzdienstleistung beschränken. Nach Auf-
fassung der ESMA sollen jedoch strenge Kriterien an die Beurteilung des Tat-
bestandsmerkmals der „Eigeninitiative des Kunden" gelten.[53] Für jede erbrachte
Wertpapierdienstleistung oder Aktivität sei eine Einzelfallentscheidung zwingend
erforderlich.[54]

4.4   Clearing

Häufig erfolgt das sog. Clearing[55] unter Einschaltung einer britischen Zentralen Gegenpartei (Central Counterparty, CCP). Es stellt sich daher die Frage,
ob Clearinghäuser des VK das Clearinggeschäft für auf Euro lautende Derivate
(„Euro-Clearing") nach dem Brexit weiterhin ausüben dürfen.[56]

---

[50]Schuster/Pitz/Matzen, ZBB 2018, S. 197, 205.

[51]Sethe, SZW/RSDA 2014, S. 615, 622.

[52]Schuster/Pitz/Matzen, ZBB 2018, S. 197, 205.

[53]ESMA 2018, S. 96.

[54]Vgl. zudem Erwägungsgrund 111 MiFID II.

[55]Hierzu sogleich.

[56]Zur Frage, ob ein Drittstaat als Vertragspartei eines Derivatekontraktes der Clearingpflicht
unter der Verordnung (EU) Nr. 648/2012 (EMIR) unterliegt, vgl. Martens 2019, S. 78 ff.

4.4.1 Die Clearingpflicht für OTC-Derivate nach der EMIR

Art. 4 EMIR normiert eine Pflicht zum Clearing von OTC-Derivaten[57] über eine CCP, sofern die konkrete Transaktion den persönlichen und den sachlichen Anwendungsbereich erfüllt.

Begriffsbestimmungen
Ein Derivat ist ein Termingeschäft[58], dessen Wert sich von einem anderen Wert einer marktbezogenen Referenzgröße (dem sogenannten „Basiswert") ableitet.[59] Man differenziert grundsätzlich zwischen Finanzderivaten[60], Warenderivaten[61] und sonstigen Derivaten.[62] Derivate werden börslich und außerbörslich, das heißt unmittelbar zwischen den Vertragsparteien, gehandelt.[63] Der OTC-Handel von Derivaten tritt in der Praxis häufiger auf.[64]

Beim Clearing handelt es sich gemäß Art. 2 Nr. 3 EMIR um den Prozess der Erstellung von Positionen, darunter die Berechnung von Nettoverbindlichkeiten, und die Gewährleistung, dass zur Absicherung des aus diesen Positionen erwachsenden Risikos Finanzinstrumente, Bargeld oder beides zur Verfügung stehen. Es werden also Forderungen und Verbindlichkeiten aus einer Vertragsbeziehung von einem neutralen Dritten festgestellt und aufgerechnet.[65]

---

[57]In Art. 2 Nr. 7 EMIR wird der Begriff der OTC-Derivate legaldefiniert als „Derivatekontrakte, deren Ausführung nicht auf einem geregelten Markt i. S. v. Art. 4 Abs. 1 Nr. 14 der Richtlinie 2004/39/EG oder auf einem Markt in Drittstaaten, der gemäß Art. 19 Abs. 6 der Richtlinie 2004/39/EG als einem geregelten Markt gleichwertig angesehen wird, erfolgt.".

[58]Unter Termingeschäften versteht man Geschäfte, bei denen mindestens eine Vertragsleistung durch einen hinausgeschobenen Erfüllungszeitpunkt gekennzeichnet ist. Bankrecht/*Köhler/Büscher*, 2018, Kap. 22 Rn. 6.

[59]Köhling/Adler, WM 2012, S. 2125, 2128.

[60]Als Basiswerte dienen typischerweise Zinsen, Aktien oder Währungen; Brambring 2017, S. 49.

[61]Als Basiswerte dienen typischerweise Agrar- und Energieprodukte oder Industrierohstoffe; Brambring 2017, S. 54.

[62]Brambring 2017, S. 49.

[63]Bankrechts-Handbuch/*Jahn/Reiner*, 2017, § 114 Rn. 1.

[64]Bankrechts-Kommentar/*Binder*, 2016, Kap. 37 Rn. 1.

[65]Martens 2019, S. 90.

Gemäß der Legaldefinition des Art. 2 Nr. 1 EMIR handelt es sich bei einer CCP um eine juristische Person, die zwischen die Gegenparteien der auf einem oder mehreren Märkten gehandelten Kontrakte tritt und somit als Käufer für jeden Verkäufer bzw. als Verkäufer für jeden Käufer fungiert. Eine CCP tritt somit als Verrechnungsstelle in eine bilaterale Vertragsbeziehung ein und garantiert die Erfüllung der vertraglichen Verpflichtungen.[66]

Anwendungsbereich der Clearingpflicht
In den persönlichen Anwendungsbereich der Clearingpflicht fallen grundsätzlich finanzielle Gegenparteien (Financial Counterparty, FC) i. S. v. Art. 2 Nr. 8 EMIR. Die Clearingpflicht gilt zudem für nicht-finanzielle Gegenparteien (Non-Financial Counterparty, NFC) i. S. v. Art. 2 Nr. 9 EMIR, deren Nettovolumen an OTC-Derivaten die in Art. 11 der Delegierten Verordnung (EU) Nr. 149/2013 definierten Schwellenwerte für einen Zeitraum von 30 Tagen überschreiten („NFC+").[67] NFC+ sind typischerweise Unternehmen der Realwirtschaft mit einem größeren Handelsvolumen.[68]

In den sachlichen Anwendungsbereich fallen Derivate, für die die EU-Kommission eine Clearingpflicht bestimmt hat (Art. 5 Abs. 2 lit. a EMIR). Die clearingpflichtigen Derivatekategorien können dem öffentlichen Register der ESMA entnommen werden (Art. 6 Abs. 1 EMIR).

Funktionen der Clearingpflicht
Mit der EMIR-Verordnung wird das Ziel verfolgt, die Transparenz und Sicherheit des OTC-Derivatemarktes zu stärken.[69] Zum Zweck einer stärkeren Markttransparenz sieht Art. 9 Abs. 1 EMIR die Pflicht zur Meldung von OTC-Derivaten an ein Transaktionsregister vor.[70] Darüber hinaus legt Art. 11 EMIR eine Pflicht zur Risikominimierung von ungeclearten OTC-Derivaten fest.[71] Zweck der Clearingpflicht ist u. a., das Kontrahentenrisiko[72] aus Derivatekontrakten zu verringern und auf die CCP zu übertragen.[73] Im Ergebnis mindern CCP das Risiko des

---

[66]Brambring 2017, S. 142.

[67]Vertiefend in Handelsgesetzbuch/*König,* 2015, Kap. VIII Rn. 23–24.

[68]Energierecht/*Zenke/Dessau,* 2018, Kap. 140 Rn. 216.

[69]Handelsgesetzbuch/*König,* 2015, Kap. VIII Rn. 17–20.

[70]Vertiefend in Bankrechts-Handbuch/*Jahn/Reiner,* 2017, § 114 Rn. 214.

[71]Vertiefend in Bankrechts-Handbuch/*Jahn/Reiner,* 2017, § 114 Rn. 249.

[72]Das Risiko des Ausfalls der Gegenpartei eines Geschäfts vor der abschließenden Abwicklung der mit diesem Geschäft verbundenen Zahlungen, Art. 2 Nr. 11 EMIR.

[73]Bankrechts-Kommentar/*Binder,* 2016, Kap. 37 Rn. 37.

Derivatekontraktes und des Kapitalmarktes, weil sie den Abschluss des Geschäfts gewährleisten, auch im Fall der Insolvenz einer Vertragspartei.[74] Weil die CCP den Ausfall der Parteien auffangen muss und den Markt vor ihrer Insolvenz schützen soll, regelt die EMIR Anforderungen für die Zulassung und Beaufsichtigung von CCP in der EU.[75] Diese umfassen u. a. hohe Kapitalanforderungen.[76]

Für die Übernahme des Kontrahentenausfallrisikos leisten die Vertragsparteien gegenseitige Sicherheiten (sog. „Collaterals") an die CCP.[77] Hierbei ist eine Anfangssicherheit (sog. „Initial Margin") sowie eine Absicherung des aktuellen Marktwertes gegen tägliche Schwankungen (sog. „Variation Margin") für die Derivateposition zu hinterlegen.[78]

4.4.2 Relevanz britischer Clearinghäuser

Weltweit wird jährlich ein Nominalvolumen von Zins-, Währungs- und Aktienderivaten in Höhe von über 400 Trillionen US$ abgewickelt.[79] Gemessen am Nominalvolumen gehören insbesondere Zinsderivate zu den relevanten OTC-Derivaten.[80] Aufgrund ihrer Kernfunktion könnte der Ausfall einer CCP einen ‚Dominoeffekt' auslösen und im Ergebnis die Stabilität des Finanzmarktes gefährden.[81] Die britische LCH Clearnet (LCH) gehört weltweit zu den wichtigsten Clearinghäusern für Derivate.[82] Die LCH hat derzeit einen Marktanteil von 97 % hinsichtlich des Clearings von außerbörslichen Euro-Zinsderivaten.[83] Das deutsche Pendant, die Eurex Clearing AG (Eurex), wickelt dagegen lediglich 1 % der OTC-Zinsderivate in Euro ab.[84]

---

[74]Brambring 2017, S. 142.

[75]Bankrechts-Kommentar/*Binder*, 2016, Kap. 37 Rn. 38.

[76]Handelsgesetzbuch/*König*, 2015, Kap. VIII. Rn. 22.

[77]Brambring 2017, S. 140 f.

[78]Köhling/Adler, WM 2012, S. 2173, 2174–2175.

[79]Brühl 2017, S. 2.

[80]Bankrecht/*Köhler/Büscher*, 2018, Kap. 22 Rn. 40.

[81]Vertiefend in Brambring 2017, S. 396–399.

[82]Lannoo 2017, S. 9.

[83]Brühl 2017, S. 2.

[84]Brühl 2017, S. 2.

4.4.3 Drittstaatenregime

Einzelheiten
Grundsätzlich ermächtigt Art. 25 Abs. 1 EMIR Drittstaaten-CCP unter bestimmten Voraussetzungen zur Erbringung von Clearingdienstleistungen gegenüber EU-Marktteilnehmern. Hierfür ist eine Anerkennung der Äquivalenz seitens der EU-Kommission erforderlich, die auf der Erfüllung der Voraussetzungen gemäß Art. 25 Abs. 2 EMIR beruht. Auch die Äquivalenzentscheidung unter der EMIR stellt primär auf das Vorliegen einer gleichwertigen Aufsicht und Rechtsdurchsetzung im Heimatstaat (Art. 25 Abs. 2 lit. b EMIR) sowie einer Kooperationsvereinbarung zwischen der ESMA und den nationalen Behörden (Art. 25 Abs. 2 lit. c, Abs. 7 EMIR) ab.

Ein erfolgreiches Anerkennungsverfahren führt dazu, dass die Drittstaaten-CCP innerhalb der EU Clearingdienstleistungen erbringen dürfen. Anerkannten Drittstaaten-CCP wird zudem der Status einer Qualifying CCP (QCCP) in der gesamten EU gewährt.[85]

EMIR Review
Fraglich ist, ob das EMIR-Drittstaatenregime den Anteil von VK-CCP am weltweiten Clearing auffangen kann. In diesem Zusammenhang hat die EU-Kommission im Mai 2017 einen Vorschlag zur Überarbeitung der EMIR[86] und im Juni desselben Jahres einen ergänzenden Vorschlag[87] („EMIR Review") als Reaktion auf den Brexit vorgelegt.

Der EMIR Review hat insbesondere die Ausweitung der Aufsichtsmaßnahmen zum Gegenstand. Die neuen Regelungen sollen effektive Drittstaatenregelungen vorsehen, welche die Finanzmarktsicherheit und -stabilität nach dem Brexit ermöglichen.[88] Es wird eine strengere Anerkennung und Überwachung von Drittstaaten-CCP vorgeschlagen. Der EMIR Review zielt darauf ab, Drittstaaten-CCP hinsichtlich ihrer systemischen Relevanz in zwei Stufen zu klassifizieren.[89] Nicht systemisch relevante CCP („Tier-1 CCP") können weiterhin unverändert innerhalb des Aufsichtsrahmens der EMIR-Verordnung Clearinggeschäfte ausführen.

---

[85]DAI 2017 a, S. 38.
[86]EU-Kommission, Vorschlag COM(2017) 208 final vom 04. 05. 2017.
[87]EU-Kommission, Vorschlag COM(2017) 331 final vom 13. 06. 2017.
[88]EU-Kommission, Vorschlag COM(2017) 331 final vom 13. 06. 2017, S. 6 f.
[89]EU-Kommission, Vorschlag COM(2017) 331 final vom 13. 06. 2017, S. 28 ff.

Systemisch relevante CCP („Tier-2 CCP") sollen dagegen einer zusätzlichen und strengeren Aufsicht der ESMA unterstellt werden.

Im Falle einer erheblichen Systemrelevanz kann die ESMA gemeinsam mit den zuständigen Zentralbanken entscheiden, dass einer Drittstaaten-CCP keine Gleichwertigkeit zugesprochen wird, wenn sie ein beträchtliches Risiko für den EU-Finanzmarkt darstellt. [90] Um weiterhin in der EU operieren zu können, muss sodann auf Verlangen der ESMA eine in der EU ansässige CCP gegründet werden.[91]

Nach dem Brexit könnten VK-CCP als Tier-2 CCP eingestuft werden, die einer strengeren Aufsicht der ESMA unterliegen. Sofern eine Überwachung dieser CCP aus der EU nicht gewährleistet werden kann, besteht das Risiko, dass ihnen eine Gleichwertigkeitsentscheidung verwehrt wird. Dies hätte zur Folge, dass VK-CCP nicht von dem Drittstaatenregime der EMIR-Verordnung Gebrauch machen könnten und dass ihnen grenzüberschreitende Clearingdienstleistungen ohne Errichtung einer CCP in der EU versagt würden.

EuGH
Die Frage, ob Euro-Clearing auch über CCP erfolgen kann, die nicht in der Eurozone ansässig sind, wurde in einem Urteil des EuGH[92] aus dem Jahre 2015 thematisiert. Dem Rechtsstreit lag eine Klage des VK gegen die Europäische Zentralbank (EZB) zugrunde, die das „Eurosystem Oversight Policy Framework" der EZB zum Gegenstand hatte.[93] Hierin verfügte die EZB, dass die Abwicklung und das Clearing von Wertpapiergeschäften mit einem bestimmten Volumen innerhalb der Eurozone stattfinden muss.[94] Diese Standortvorgabe wurde damit begründet, dass Clearinghäuser ein zentraler Bestandteil des Finanzsystems seien und durch die Übernahme der Kontrahentenrisiken erhebliche systemische Störungen auslösen könnten.[95] Um im Fall von Fehlfunktionen der CCP eingreifen zu können, sah es die EZB als erforderlich an, dass Anbieter von Euro-Clearing im Euroraum ansässig sein müssen.

---

[90]Hierzu und im Folgenden: EU-Kommission, Vorschlag COM(2017) 331 final vom 13. 06. 2017, S. 30.
[91]Geier, RdF 2018, S. 269, 269.
[92]EuGH, Urt. v. 04. 03. 2015, Az.: T-496/11.
[93]EuGH, Urt. v. 04. 03. 2015, Az.: T-496/11, Rn. 1.
[94]EuGH, Urt. v. 04. 03. 2015, Az.: T-496/11, Rn. 13.
[95]Hierzu und im Folgenden: EuGH, Urt. v. 04. 03. 2015, Az.: T-496/11, Rn. 8, 11–12.

Der EuGH erklärte die Standortvorgabe des EZB-Frameworks für nichtig.[96] Der EuGH begründete die Nichtigkeit der Vorgaben mit der fehlenden rechtlichen Befugnis der EZB. Die EZB sei nicht zur Vorgabe von CCP-Standorten ermächtigt, da eine solche Maßnahme die Überwachungsaufgabe der EZB übersteigen und vielmehr die Tätigkeit von CCP regulieren würde.[97] Der Überwachungsrahmen der EZB und das Urteil wurden vor dem Brexit-Referendum erlassen und haben daher die zukünftigen Auswirkungen auf das Euro-Clearing nicht konkret berücksichtigt. Gleichwohl gewinnt der Rechtsstreit im Lichte des Brexit an Bedeutung. Eine Entscheidung darüber, ob eine angemessene Überwachung von VK-CCP außerhalb des Euroraums und nunmehr außerhalb der EU gewährleistet werden kann, sollte in absehbarer Zeit getroffen werden.

4.4.4 Post-Brexit-Szenario

Einzelheiten
Im Fall eines harten Brexit muss das VK die Vorschriften der unmittelbar geltenden EMIR-Verordnung nicht länger befolgen. Im Gegenzug dürfen VK-CCP das Clearinggeschäft innerhalb der EU grundsätzlich nicht mehr betreiben. Die Zukunft der Clearingdienstleistungen hängt von der Äquivalenzentscheidung der EU-Kommission ab, über die die VK-CCP innerhalb von 180 Tagen nach Antragstellung informiert werden.[98] Es muss bei der Vorbereitung für ein Worst-Case-Szenario damit gerechnet werden, dass der Anerkennungsprozess mit dem Austrittsdatum nicht abgeschlossen sein wird. Die Möglichkeit, die Äquivalenzentscheidung kurzfristig zurücknehmen zu können, bedeutet zudem ein Risiko im Hinblick auf die dauerhafte Tätigkeit eines Drittstaaten-CCP in der EU.

Im Falle einer ablehnenden Äquivalenzentscheidung wäre es den VK-CCP verboten, das Clearinggeschäft innerhalb der EU auszuüben. Gleichzeitig dürften EU-Marktteilnehmer für die Erfüllung ihrer Clearingpflicht nicht die Dienstleistungen von CCP aus dem VK in Anspruch nehmen. Alternativ müssten VK-CCP eine Relokation des Clearinggeschäftes in die EU in Erwägung ziehen,

---

[96]EuGH, Urt. v. 04. 03. 2015, Az.: T-496/11, Hauptsachetenor.

[97]EuGH, Urt. v. 04. 03. 2015, Az.: T-496/11, Rn. 101, 110.

[98]Art. 25 Abs. 4 UAbs. 5 EMIR.

um weiterhin für EU-Marktteilnehmer tätig werden zu können. Das Problem einer möglichen Störung des Clearinggeschäftes wurde von der EU-Kommission in dem Aktionsplan[99] für einen harten Brexit berücksichtigt. Ein Kommissionsvorschlag[100] hinsichtlich des Clearings sieht vor, dass zugelassenen CCP aus dem VK eine vorübergehende Äquivalenzentscheidung unter EMIR für einen Zeitraum von zwölf Monaten zugesprochen wird. Darüber hinaus umfasst der Aktionsplan Entwürfe für zwei delegierte Verordnungen zur EMIR.[101] Die Rechtsakte sollen erleichterte Voraussetzungen schaffen für die Übertragung der Derivatekontrakte von VK-CCP auf EU-CCP.

Änderungsbedarf
Der Clearingmarkt der EU zeichnet sich durch eine starke Fragmentierung aus, da viele Marktführer ihr Geschäft auf eine Produktklasse konzentrieren.[102] Bestimmte Derivate werden ausschließlich von VK-CCP abgewickelt, für die keine alternative EU-CCP besteht; so wird das Clearing bestimmter Warenderivate nur von der britischen LME Clear Limited (LME) ausgeübt.[103] Somit erwächst durch den Brexit das Erfordernis, die Clearingpflicht nach EMIR an die zukünftigen Herausforderungen anzupassen. Der Hintergrund ist, dass die Clearingpflicht grundsätzlich nur für solche Derivate gilt, für die es auch eine in der EU zugelassene CCP gibt (Art. 4 Abs. 3 EMIR). Ein Änderungsbedarf besteht, wenn VK-CCP nicht in der EU als äquivalent anerkannt werden. Das erhebliche Clearingvolumen von CCP aus dem VK muss schließlich nach dem Brexit von einer zugelassenen CCP aufgefangen werden.

Kostensteigerungen
Aus wirtschaftlicher Sicht stellt sich die Frage, inwiefern die Relokation des Clearinggeschäftes zu Kostensteigerungen führen könnte. In diesem Zusammenhang werden die Verordnung (EU) Nr. 575/2013 (CRR) und die Richtlinie 2013/36/EU (CRD IV) relevant. Mit den Rechtsakten werden insbesondere harmonisierte Liquiditätsanforderungen für Kreditinstitute geregelt.[104] Für die Berechnung

[99]EU-Kommission, COM(2018) 890 final vom 19. 12. 2018.
[100]EU-Kommission, C(2018) 9139 final vom 19. 12. 2018.
[101]EU-Kommission, C(2018) 9122 final vom 19. 12. 2018 und EU-Kommission, C(2018) 9118 final vom 19. 12. 2018.
[102]Brambring 2017, S. 148.
[103]FIA 2017, S. 8.
[104]BaFin 2013, o. S., Abschnitt „Qualitative Vorschriften".

der Mindesteigenkapitalausstattung eines Instituts werden die einzelnen Risiko-
positionen[105] bewertet.[106] Die CRR sieht für Geschäfte, die über eine QCCP
abgewickelt werden, in der Regel ein Risikogewicht[107] in Höhe von zwei % vor
(Art. 306 Abs. 1 lit. a CRR). Mit dem niedrigen Wert wird dargestellt, dass eine
geringe Ausfallwahrscheinlichkeit der Transaktion erwartet wird.[108] Das Risikogewicht für Geschäfte ohne QCCP kann hingegen bis zu 150 % betragen.[109]

Nach dem Brexit gelten VK-CCP nicht mehr als QCCP, weil sie als Drittstaaten-CCP ihre Zulassung in der EU verlieren und einer Äquivalenzentscheidung unter der CRR bedürfen.[110] Dies hat zur Folge, dass die Privilegien
der CRR post Brexit untergehen und die Eigenmittel mit einem deutlich höhe-
ren Risikopositionswert angesetzt werden müssen.[111] Im Ergebnis steigt mit dem
Wegfall der Clearingmöglichkeit über VK-CCP die Höhe der Eigenkapitalunter-
legungspflicht für betroffene Kreditinstitute.[112]

Darüber hinaus können die Sicherheitsleistungen für geclearte OTC-Derivate
zu einer Kostensteigerung beitragen. Eine CCP kann die anzuwendenden Modelle
zur Berechnung der Margin-Anforderungen von Clearingmitgliedern individuell bestimmen.[113] Die Höhe der Sicherheitsleistungen hängt insbesondere von
der Anzahl der Clearingmitglieder und abgewickelten Verträge sowie der Breite
des individuellen Clearingportfolios einer CCP ab.[114] Dies hat zur Folge, dass die
Höhe der zu hinterlegenden Sicherheiten für eine bestimmte Transaktion von CCP
zu CCP variiert.[115] Clearingmitglieder werden gegebenenfalls der wirtschaftlichen
Folge ausgesetzt, bei einem Wechsel der CCP höhere Sicherheiten hinterlegen zu
müssen, wenn die EU-CCP nicht dem Geschäftsvolumen der LCH entspricht.

---

[105]Die Risikoposition berechnet sich aus dem Risikopositionswert und dem entsprechenden
Risikogewicht. Finanzderivate/*Lange*, 2016, § 32 Rn. 25.

[106]Das Recht der EU/*Ress/Ukrow*, 2018, Art. 63 AEUV Rn. 372.

[107]Mit dem Risikogewicht wird die Ausfallwahrscheinlichkeit einer Gegenpartei ausgedrückt.
Finanzderivate/*Lange*, 2016, § 32 Rn. 40.

[108]Bankrechts-Handbuch/*Jahn/Reiner*, 2017, § 114 Rn. 205.

[109]Bankrecht/*Köhler/Büscher*, Kap. 22 Rn. 507.

[110]Bankrechts-Handbuch/*Jahn/Reiner*, 2017, § 114 Rn. 217.

[111]Vertiefend in Brühl 2017, S. 5 f.

[112]Brühl 2017, S. 5 f.

[113]Brambring 2017, S. 291.

[114]Vertiefend in Brühl 2017, S. 5.

[115]Brambring 2017, S. 291.

Vertragliche Auswirkungen im Hinblick auf § 134 BGB   5

Aufgrund der umfassenden Verflechtungen zwischen deutschen und britischen Akteuren am Finanzmarkt stellt sich des Weiteren die Frage, ob und inwiefern der Brexit grenzüberschreitende Vertragsbeziehungen beeinflussen könnte. Insb. ist zu klären, ob Finanzintermediäre (sog. „Broker") aus dem VK und der EU über eine Banklizenz nach nationalem Recht verfügen müssen, um weiterhin Dienstleistungen auch grenzüberschreitend erbringen zu können.

5.1   Hintergrund

Das KWG regelt Erlaubnispflichten für die Tätigkeiten von Kreditinstituten (§ 1 Abs. 1 KWG) und Finanzdienstleistungsinstituten (§ 1 Abs. 1a KWG). Wer im Inland gewerbsmäßig oder in einem Umfang, der einen in kaufmännischer Weise eingerichteten Geschäftsbetrieb erfordert, Bankgeschäfte betreiben oder Finanzdienstleistungen erbringen will, bedarf gemäß § 32 Abs. 1 Satz 1 KWG einer schriftlichen Erlaubnis der Aufsichtsbehörde („KWG-Erlaubnis"). In Deutschland ist für die schriftliche Erteilung der KWG-Erlaubnis die Bundesanstalt für Finanzdienstleistungsaufsicht (BaFin) und in besonderen Fällen die EZB zuständig.[1]

Die Erlaubnispflicht ist nicht nur auf das Inland begrenzt, sondern auch auf im Ausland ansässige Institute anzuwenden.[2] Der Geltungsbereich für Drittstaaten

---

[1]Strafrechtliche Nebengesetze/*Häberle,* 2018, § 32 KWG, Rn. 9.
[2]Rost 2014, S. 10.

© Springer Fachmedien Wiesbaden GmbH, ein Teil von Springer Nature 2019   29
L. Löbig und D. H. Wendt, *Brexit und der Finanzmarkt, essentials,*
https://doi.org/10.1007/978-3-658-26419-2_5

geht aus einem Merkblatt[3] der BaFin hervor. Demnach gilt die Erlaubnispflicht auch, „wenn ein ausländisches Unternehmen beabsichtigt, sich in Deutschland zielgerichtet an den Markt zu wenden, um gegenüber Unternehmen und/oder Personen, die ihren Sitz oder gewöhnlichen Aufenthalt im Inland haben, wiederholt und geschäftsmäßig [...] Bankgeschäfte und/oder [...] Finanzdienstleistungen anzubieten."[4] Daher sind auch Unternehmen aus dem VK von der nationalen Erlaubnispflicht betroffen.

Die Erlaubnispflicht gemäß § 32 Abs. 1 KWG steht in Verbindung mit den erlaubnispflichtigen Tatbeständen der einzelnen Geschäfte. Erlaubnispflichtig sind Bankgeschäfte i. S. v. § 1 Abs. 1 Satz 2 KWG und Finanzdienstleistungen i. S. v. § 1 Abs. 1a Satz 2 KWG. Der Regelungszweck der Erlaubnispflicht differenziert je nach Geschäftsart.

5.2 Anwendungsfall: Eigenhandel

5.2.1 Begriffserläuterung

Unter den Begriff des Eigenhandels fallen die in § 1 Abs. 1a Nr. 4 lit. a bis d KWG aufgeführten Finanzdienstleistungen. Das WpHG definiert den Eigenhandel als „Anschaffen oder Veräußern von Finanzinstrumenten für eigene Rechnung als Dienstleistung für andere" (§ 2 Abs. 8 Satz 1 Nr. 2 lit. c WpHG). Diese Definition entspricht dem „klassischen" Eigenhandel nach § 1 Abs. 1a Nr. 4 lit. c KWG und war vor der Überarbeitung des KWG als dessen einzige Form geregelt.[5] Zu den weiteren Formen des Eigenhandels gehören insbesondere das Market Making an einem organisierten Markt oder einem Multilateral Trading Facility (MTF) (lit. a), das Betreiben einer Handelsplattform als SI (lit. b) und der Hochfrequenzhandel (lit. d).[6] Diese drei Varianten sind regulatorisch geprägt und wurden erst mit dem Inkrafttreten der MiFID II/MiFIR ergänzt.[7]

Eigenhändler bezwecken mit der Anschaffung und Veräußerung von Finanzinstrumenten, von bestehenden oder erwarteten Unterschieden zwischen dem

---

[3]BaFin 2005.
[4]BaFin 2005, o. S, Ziffer 1.
[5]KWG, CRR-VO/*Schäfer,* 2016, § 1 KWG Rn. 167.
[6]KWG, CRR-VO/Schäfer, 2016, § 1 KWG Rn. 167.
[7]KWG, CRR-VO/*Schäfer,* 2016, § 1 KWG Rn. 167.

Kauf- und Verkaufspreis oder anderen Schwankungen zu profitieren.[8] Der Eigenhandel wird somit primär zur Gewinnmaximierung betrieben.[9] Gleichzeitig erfüllt er eine zentrale Rolle am Finanzmarkt. Der Eigenhandel führt zur Bildung und Regulierung von Marktpreisen.[10] Dies hat zur Folge, dass der Eigenhandel zu der Stabilität und Funktionsfähigkeit des Finanzmarktes beiträgt.[11]

Die Erlaubnispflicht für das Betreiben von Eigenhandel ergibt sich aus § 32 Abs. 1 Satz 1 KWG i. V. m. § 1 Abs. 1a Satz 2 Nr. 4 KWG. Für die Erforderlichkeit einer KWG-Erlaubnis ist es ausreichend, die Voraussetzungen für eines der in Nr. 4 aufgeführten Geschäfte zu erfüllen.[12]

5.2.2 Abgrenzung zum Eigengeschäft

Der Eigenhandel ist von dem Eigengeschäft anhand des Tatbestandmerkmals „Dienstleistung für andere" abzugrenzen. Unter den Begriff des Eigengeschäfts fällt der Handel mit Finanzinstrumenten für eigene Rechnung, der gerade keine Dienstleistung darstellt (§ 1 Abs. 1a Satz 3 KWG). Der Dienstleistungscharakter ist zu verneinen, wenn das Geschäft nicht auf Grundlage eines Kundenauftrags ausgeführt wurde und auch sonst kein Handelsbezug zu einem potenziellen Kunden ersichtlich ist.[13]

Das Betreiben eines Eigengeschäfts erfordert im Gegensatz zu dem Eigenhandel nur unter bestimmten Voraussetzungen eine Erlaubnis nach dem KWG. Grundsätzlich begründet das Betreiben von Eigengeschäften keine Erlaubnispflicht. Eine KWG-Erlaubnis ist jedoch notwendig, wenn neben dem Eigengeschäft erlaubnispflichtige Bankgeschäfte oder Finanzdienstleistungen erbracht werden oder der Broker in Deutschland ein Mitglied oder Teilnehmer eines organisierten Marktes oder MTF ist (§§ 1 Abs. 1a Satz 3, 32 Abs. 1a Satz 1 und 2 KWG).

---

[8]KWG, CRR-VO/*Schäfer*, 2016, § 1 KWG Rn. 166.

[9]Wohlschlägl-Aschberger 2019, S. 138.

[10]Wohlschlägl-Aschberger 2019, S. 138.

[11]Wohlschlägl-Aschberger 2019, S. 138.

[12]BaFin 2018, o. S., Ziffer 2 a).

[13]BaFin 2018, o. S., Ziffer 1 e).

5.3   Der Eigenhandel ohne KWG-Erlaubnis als Verstoß gegen § 134 BGB

Ausgangspunkt für die nachfolgenden Ausführungen soll folgender Beispielsfall sein:

Beispiel

Nach dem Brexit wird eine Äquivalenzentscheidung für das VK in Bezug auf die Erbringung von Finanzdienstleistungen abgelehnt. Ein Broker aus dem VK beabsichtigt, Eigenhandel mit deutschen Kunden zu betreiben. Über die erforderliche KWG-Erlaubnis der BaFin verfügt er nicht. Dem Broker ist bekannt, dass nach dem Brexit das Unionsrecht und insbesondere der Europäische Pass keine Anwendung mehr auf ihn finden. Dennoch schließt er Eigenhandelsgeschäfte mit deutschen Kontrahenten ab.

5.3.1   Rechtsgeschäft

§ 134 BGB setzt das Bestehen eines Rechtsgeschäft voraus. Dieses ist charakterisiert durch das Vorliegen einer oder mehrerer Willenserklärungen, die auf die Herbeiführung einer bestimmten Rechtsfolge gerichtet sind.[14] § 134 BGB erfasst Rechtsgeschäfte aller Art.[15] Keine Rechtsgeschäfte sind Willenserklärungen, die lediglich auf den Abschluss eines Vertrages gerichtet sind, etwa ein Angebot oder eine Annahme (§§ 145, 147 BGB).[16]

Der Broker aus dem VK und die deutsche Gegenpartei geben Willenserklärungen ab, die darauf gerichtet sind, die Begründung oder Veräußerung einer Rechtsposition an einem Finanzinstrument herbeizuführen.[17] Das Anschaffen und Veräußern von Finanzinstrumenten führt regelmäßig zum Abschluss von Kauf- oder kaufähnlichen Verträgen.[18] Ein Rechtsgeschäft i. S. v. § 134 BGB liegt damit vor.

---

[14]Palandt/*Ellenberger,* 2018, § 104 Rn. 2.

[15]BGB Handkommentar/*Dörner,* 2019, § 134 Rn. 1.

[16]BeckOK BGB/*Wendtland,* 2018, § 134 Rn. 4.

[17]BaFin 2018, o. S., Ziffer 1 c) aa).

[18]BaFin 2018, o. S., Ziffer 1 c) aa).

5.3.2   Verbotsgesetz

§ 32 Abs. 1 KWG müsste zudem ein Verbotsgesetz i. S. v. § 134 BGB sein. Unter einem Verbotsgesetz ist jedes Gesetz zu verstehen, welches die Vornahme eines seiner allgemeinen Natur nach grundsätzlich zugelassenen Rechtsgeschäfts wegen seines Inhalts bzw. des mit ihm bezweckten Erfolgs oder aufgrund besonderer Umstände untersagt.[19] Ob dies auf § 32 Abs. 1 KWG zutrifft, ist in Literatur und Rechtsprechung umstritten.[20]

Meinungsstand
In der Literatur haben sich drei verschiedene Meinungen herausgebildet:

- Eine Ansicht bejaht die Anwendbarkeit von § 134 BGB auf Geschäfte ohne KWG-Erlaubnis.[21] Rechtsfolge sei daher die Nichtigkeit unerlaubt getätigter Geschäfte. Nach *Bergmann* spreche die gesetzliche Strafbestimmung für erlaubnispflichtige Ansparverträge ohne KWG-Erlaubnis für die Nichtigkeit der Rechtsgeschäfte.[22] Hingegen stellt *Kramer* auf den von § 32 Abs. 1 KWG bezweckten Gläubigerschutz und den Schutz des Finanzsystems ab.[23] Der Gläubiger einer Bank habe ein berechtigtes Interesse an der Nichtigkeit von Bankgeschäften ohne KWG-Erlaubnis, um einen Ausfall des Instituts oder Liquiditätsschwierigkeiten zu verhindern.[24]
- Nach anderer Ansicht hängt die Wirksamkeit der Rechtsgeschäfte nicht von einer KWG- Erlaubnis ab.[25] Der Erlaubnisvorbehalt richte sich lediglich an das Institut, nicht aber an dessen Vertragspartner. Es werde somit nur ein einseitiges Verbot ausgesprochen. Im Ergebnis sei § 134 BGB auf Verstöße gegen § 32 Abs. 1 KWG grundsätzlich nicht anwendbar. Eine Einzelfallbetrachtung

---

[19]BeckOK BGB/*Wendtland*, 2018, § 134 Rn. 9.

[20]Vertiefend in Rost 2014, S. 31 f.

[21]Hierzu und im Folgenden: Bergmann, NJW 1953, S. 450, 451; Kramer 1976, S. 99 ff.

[22]Bergmann, NJW 1953, S. 450, 451.

[23]Kramer 1976, S. 100 ff.

[24]Kramer 1976, S. 101.

[25]Hierzu und im Folgenden: Bankrechts-Handbuch/*Fischer/Boegl*, 2017, § 128 Rn. 9; Bankrechts-Kommentar/*Servatius*, 2016, Kap. 35 Rn. 19; Erman/*Arnold*, 2017, § 134 Rn. 46; KWG, CRR-VO/*Fischer/Müller*, 2016, § 32 KWG Rn. 30; KWG/*Schwennicke*, 2016, § 32 Rn. 91, § 37 Rn. 13; Palandt/*Ellenberger*, 2018, § 134 Rn. 20.

im Hinblick auf das erlaubnispflichtige Geschäft oder die Art des Verstoßes unterbleibt.[26]

- Eine weitere, differenzierende Ansicht wendet sich gegen eine allgemeine Betrachtung der erlaubnispflichtigen Geschäfte.[27] Die Vertreter dieser Ansicht halten es für erforderlich, Sinn und Zweck einzelner Erlaubnistatbestände bei der Beurteilung der Verbotsgesetzqualität zu berücksichtigen. In diesem Zusammenhang hat sich die differenzierende Meinung primär mit Einlagen- und Kreditgeschäften auseinandergesetzt. Die Nichtigkeit eines Einlagengeschäftes ohne KWG-Erlaubnis sei gemäß § 32 Abs. 1 KWG i. V. m. § 134 BGB zu bejahen, die Nichtigkeit eines unerlaubten Kreditgeschäftes sei hingegen zu verneinen.[28] So argumentiert *Lünterbusch,* dass mit dem Schutzzweck von § 32 Abs. 1 KWG in Bezug auf Einlagegeschäfte verhindert werden soll, dass Einleger ihr Kapital langfristig in gefährlicher Weise anlegen und bei Unternehmen belassen, die mangels Zulassung keine Gewähr für einen zuverlässigen und sachkundigen Umgang mit dem Geld bieten.[29] Die Wirksamkeit von unerlaubten Kreditgeschäften wird hingegen von *Canaris* dahin gehend begründet, dass der Darlehensnehmer nicht benachteiligt werden soll, indem ihm sein vertraglicher Anspruch auf Gewährung eines Kredits vor der Auszahlung genommen wird und er das zugesicherte Geld nicht nutzen kann.[30] Da Kreditnehmer nicht etwa einem unsicheren Kreditinstitut Geld anvertrauen, sondern Geld von diesem erhalten, würde für sie keine Gefahrensituation bestehen.[31]

Auch in der zivilrechtlichen Rechtsprechung wird die Qualität des § 32 Abs. 1 KWG als Verbotsgesetz unterschiedlich bewertet:

---

[26]Rost 2014, S. 27.

[27]Hierzu und im Folgenden: Lünterbusch 1968, S. 97, S. 125; Mai, ZBB 2010, S. 222, 224 f.

[28]Hierzu und im Folgenden: Lünterbusch 1968, S. 98 f., S. 125, S. 130; KWG/*Schwennicke,* 2016, § 32 Rn. 92; MüKo BGB/*Armbrüster,* 2018, § 134 Rn. 71; Staudinger/*Sack/Seibl,* 2017, § 134 Rn. 258.

[29]Lünterbusch 1968, S. 97 f.

[30]Canaris 1981, 12. Abschnitt Rn. 1286.

[31]Lünterbusch 1968, S. 69.

- Nach Ansicht des Bundesgerichtshofes (BGH) ist von einer Wirksamkeit von Kreditverträgen trotz fehlender KWG-Erlaubnis auszugehen.[32] Die Rechtswirksamkeit eines Kreditvertrages sei durch das Fehlen der Erlaubnis nicht berührt.[33] Eine Einordnung als Verbotsgesetz würde voraussetzen, „dass das gesetzliche Verbot sich gegen das Rechtsgeschäft selbst, gegen seinen Inhalt und nicht nur gegen seine Vornahme richte." § 32 Abs. 1 KWG würde nicht den Darlehensvertrag seinem Inhalt nach verbieten, sondern lediglich den ohne Erlaubnis erfolgten Abschluss dessen. Der Verbotsgesetzcharakter wird ferner verneint, da das Verbot nur die erlaubnisbedürftige Partei betreffe und die Strafbarkeit gemäß § 54 Abs. 1, Abs. 2 KWG somit nur für eine Partei bestimmt sei.
- Anderes ergibt sich für die Beurteilung der Anwendbarkeit von § 134 BGB auf unerlaubte Einlagengeschäfte. Diese Frage hat der BGH bis dato nicht abschließend entschieden, sondern in einem Urteil[34] ausdrücklich offengelassen.
- Das OLG Stuttgart sieht Einlagengeschäfte ohne KWG-Erlaubnis als nichtig an und begründet dies mit dem Schutz des Einlegers vor der Gefährdung seines Geldes.[35]
- Das Kammergericht (KG) Berlin verneint hingegen die Nichtigkeit unerlaubter Einlagengeschäfte, weil es sich bei § 32 Abs. 1 KWG lediglich um ein einseitiges Verbot handele.[36]

Eine Rechtsprechung zur Anwendbarkeit von § 134 BGB auf den Eigenhandel ohne KWG-Erlaubnis existiert – soweit ersichtlich – bis dato nicht.

Stellungnahme
Der Gesetzeswortlaut von § 32 Abs. 1 KWG spricht eher unscharf davon, dass Anbieter von Bankgeschäften oder Finanzdienstleistungen einer Erlaubnis der BaFin „bedürfen". Bei Beurteilung des Verbotscharakters einer Norm sollte

---

[32]BGH, Urt. v. 14. 7. 1966, Az.: III ZR 240/64 = WM 1966, S. 1101 ff.; BGH, Urt. v. 19. 4. 2011, Az.: XI ZR 256/10 = NJW 2011, S. 3024 ff.

[33]Hierzu und im Folgenden: BGH, Urt. v. 14. 7. 1966, Az.: III ZR 240/64, Rn. 21.

[34]BGH, Urt. v. 21. 3. 2005, Az.: II ZR 310/03 = NJW 2005, S. 1784 ff.

[35]OLG Stuttgart, Urt. v. 1. 4. 1980, Az.: 6 U 184/79 = NJW 1980, S. 1798, 1800.

[36]KG Berlin, Urt. v. 4. 12. 2001, Az.: 14 U 103/01, Rn. 4.

dem Wortlaut jedoch nicht zu große Bedeutung beigemessen werden.[37] Eine Norm muss nicht ausdrücklich ein Verbot aussprechen, um als Verbotsgesetz zu gelten.[38] Umgekehrt lassen sich aus Formulierungen wie etwa „darf nicht" nicht zwangsläufig ableiten, dass ein Verbotsgesetz vorliegt.[39] Der Wortlaut des § 32 Abs. 1 KWG drückt aus, dass eine KWG-Erlaubnis vor der Geschäftsaufnahme erforderlich ist.[40] Rechtsgeschäfte ohne KWG-Erlaubnis werden von der Norm jedoch nicht ausdrücklich verboten. Etwaige Konsequenzen für Geschäftsabschlüsse ohne KWG-Erlaubnis ergeben sich aus der Norm nicht.

Der Verbotscharakter könnte sich aber aus der Gesetzessystematik ergeben. Das KWG sieht für Verstöße gegen § 32 Abs. 1 KWG sowohl verwaltungsrechtliche als auch strafrechtliche Konsequenzen vor. So ermächtigt § 37 Abs. 1 Nr. 1 KWG die BaFin, im Falle eines Verstoßes die sofortige Einstellung des Geschäftsbetriebs und die unverzügliche Abwicklung der unerlaubten Geschäfte gegenüber dem Unternehmen und den Mitgliedern seiner Organe anzuordnen.[41] Geschäfte ohne KWG-Erlaubnis sollen somit unterbunden werden und die Untersagungs- und Abwicklungsanordnungen werden hierfür als verhältnismäßiges Mittel erachtet. Daneben enthält § 54 Abs. 1 Nr. 2 KWG einen Strafkatalog für erlaubnispflichtige Bankgeschäfte oder Finanzdienstleistungen, die ohne eine KWG-Erlaubnis getätigt werden. In diesen Fällen wird eine Freiheitsstrafe von bis zu fünf Jahren oder eine Geldstrafe verhängt. Grundsätzlich bestraft § 54 Abs. 1 Nr. 2 KWG nur den unerlaubt handelnden Betreiber des Bankgeschäftes oder der Finanzdienstleistung und nicht den Vertragspartner. Dieser Aspekt wird sowohl in der Literatur als auch in der Rechtsprechung als Argument dafür gesehen, dass kein Verbotsgesetz vorliegt. Nach *Canaris* kann die einseitige Verbotsrichtung jedoch nicht als starkes Argument aufgeführt werden, wenn es bei der in Rede stehenden Norm „gerade um den Schutz des anderen Teils geht".[42] Wenn ein Verbotsgesetz eine der handelnden Parteien schützen soll, indem es die andere Partei einem Erlaubnisvorbehalt unterwirft, wäre es fernliegend, beide Parteien wegen des Verstoßes zu bestrafen.[43] In diesem

---

[37]Vgl. auch MüKo BGB/*Armbrüster*, 2018, § 134 Rn. 45; Jauernig/*Mansel*, 2018, § 134 Rn. 10.

[38]Palandt/*Ellenberger*, 2018, § 134 Rn. 2.

[39]MüKo BGB/*Armbrüster*, 2018, § 134 Rn. 44.

[40]Rost 2014, S. 34.

[41]Palandt/*Ellenberger*, 2018, § 134 Rn. 6a.

[42]Canaris 1983, S. 43.

[43]Canaris 1983, S. 43.

Sinne spricht das einseitige Verbot nicht zwangsläufig gegen die Verbotsgesetz-qualität des § 32 KWG. Zudem wird die strafrechtliche Verantwortlichkeit des unerlaubt Handelnden sehr weit gefasst. § 54 Abs. 1 Nr. 2 KWG erfasst nicht nur vorsätzliches, sondern auch fahrlässiges Handeln. Aus dieser umfassenden Strafandrohung folgt, dass der Gesetzgeber Geschäfte ohne KWG-Erlaubnis keinesfalls billigen möchte. Nach den verwaltungs- und strafrechtlichen Konse-quenzen ist das Anbieten von Geschäften ohne KWG-Erlaubnis mithin verboten und strafbewährt. Aus systematischer Sicht könnte § 32 Abs. 1 KWG daher ein Verbotsgesetz i. S. v. § 134 BGB darstellen.

Diesem Verständnis steht jedoch die Gesetzesbegründung[44] des KWG aus dem Jahre 1961 entgegen. Hiernach handelt es sich um „nur allgemeine gesetzliche Ordnungsvorschriften für die innere Struktur der Kreditinstitute, insbesondere für die Kapitalausstattung und die Liquidität, und für eine solide Geschäftsführung."[45] Im weiteren Verlauf erklärt der Gesetzgeber jedoch auch, der Erlaubnisvorbehalt bezwecke, „das Eindringen ungeeigneter Personen oder unzulänglich fundierter Unternehmen in das Kreditgewerbe zu verhindern."[46] Im Ergebnis soll das öffent-liche Vertrauen in das Kreditgewerbe geschützt werden, indem nur Unternehmen tätig werden dürfen, die eine ordnungsgemäße Geschäftsführung in personeller und finanzieller Hinsicht gewährleisten können.[47] Aus Sicht des Gesetzgebers ist der Erlaubnisvorbehalt eine präventive Zugangskontrolle für den Finanzmarkt,[48] der zugleich dem Gläubigerschutz dient.[49] § 32 Abs. 1 KWG stellt daher nicht nur Anforderungen an Kreditinstitute, sondern verbietet zugleich das Tätigwerden ohne KWG-Erlaubnis. Die historische Auslegung spricht damit ebenfalls für einen Verbotsgesetzcharakter der Vorschrift.

Im Hinblick auf den Gesetzeszweck des § 32 Abs. 1 KWG werden 1) der systemische Schutz des Kreditwesens und 2) der Schutz von Gläubigern der Kreditinstitute vor Vermögensverlusten hervorgehoben.[50] Ob einer dieser Schutz-zwecke ein pauschales Verbot für alle Geschäfte ohne KWG-Erlaubnis erfordert,

---

[44]BT-Drs. 3/1114.
[45]BT-Drs. 3/1114, S. 20.
[46]BT-Drs. 3/1114, S. 39.
[47]BT-Drs. 3/1114, S. 26.
[48]Rost 2014, S. 37.
[49]Vgl. BT-Drs. 3/1114, S. 19.
[50]Vertiefend in Lünterbusch 1968, S. 6 ff.

erscheint fraglich.[51] Dies hätte zur Folge, dass grundsätzlich alle unerlaubten Geschäfte als nichtig zu betrachten wären, ungeachtet dessen, ob die Rechtsfolge den Vertragspartner des Betreibers ohne KWG-Erlaubnis begünstigt oder belastet. In Bezug auf den Schutz des Kreditwesens werden die Sanktionsvorschriften relevant. Sie ermächtigen die BaFin zum sofortigen Einschreiten und stellen das Betreiben der unerlaubten Geschäfte unter Strafe. Dies dürfte für sich genommen bereits zur Funktionsfähigkeit des Kreditwesens beitragen. Folglich erfordert der erstgenannte Schutzzweck kein pauschales Verbot von Geschäften ohne KWG-Erlaubnis. Anderes gilt auch nicht für den bezweckten Gläubigerschutz. Denn ein nichtiges Rechtsgeschäft kann u. U. den Vertragspartner benachteiligen, etwa wenn ihm ein Vermögensschaden aus der Nichtigkeitsfolge entsteht.[52] Aus den beiden Schutzzwecken des § 32 Abs. 1 KWG folgt daher dem Grunde nach nicht, dass diese Norm insgesamt Verbotsgesetzqualität in sich trägt.

Zu beachten ist aber, dass der zivilrechtliche Verbotsgesetzcharakter bei solchen Geschäftsarten in Betracht kommt, die eine abstrakte Gefährdung des Gläubigervermögens bewirken können.[53] Zudem ist danach zu fragen, ob das konkrete Geschäft geeignet ist, auch das System des Kreditwesens abstrakt zu gefährden. Diese Vorgehensweise entspricht der differenzierenden Ansicht im Schrifttum. Die Anwendbarkeit von § 134 BGB ist daher anhand einer Einzelfallbetrachtung für das konkrete Geschäft – in diesem Falle dem Eigenhandel – zu beurteilen.

Nicht hingegen handelt es sich bei § 32 Abs. 1 KWG um eine reine Ordnungsvorschrift, die von vornherein nicht unter den Tatbestand des § 134 BGB fällt.[54] Eine reine Ordnungsvorschrift liegt vor, wenn das durch sie gesetzte Verbot nicht bezweckt, Geschäfte als solche zu untersagen, sondern sich lediglich gegen die Umstände ihres Zustandekommens wendet.[55] In der Tat bezweckt § 32 Abs. 1 KWG nicht, den Eigenhandel an sich zu untersagen. Die Vorschrift soll vielmehr sicherstellen, dass bestimmte Zulassungsanforderungen erfüllt werden. Gegen eine Einordnung als reine Organisationsvorschrift sprechen aber die mit § 32 Abs. 1 KWG verfolgten, bereits erörterten Schutzzwecke sowie die Strafandrohung bei Geschäften ohne KWG-Erlaubnis . Der Gesetzgeber beabsichtigt

---

[51]Vgl. auch Rost 2014, S. 39 f.

[52]Rost 2014, S. 40 f.

[53]Rost 2014, S. 40 f.

[54]Anders MüKo BGB/*Armbrüster*, 2018, § 134 Rn. 41.

[55]MüKo BGB/*Armbrüster*, 2018, § 134 Rn. 42.

nicht nur, das Zustandekommen von erlaubnispflichtigen Geschäften zu regeln. Mit den angedrohten verwaltungs- und strafrechtlichen Konsequenzen dokumentiert er darüber hinaus die Missbilligung von Geschäften ohne KWG-Erlaubnis.

Unerlaubt betriebener Eigenhandel
Ob das Betreiben von Eigenhandel ohne KWG-Erlaubnis gemäß § 32 Abs. 1 KWG i. V. m. § 1 Abs. 1a Satz 2 Nr. 4 KWG als i. S. d. § 134 BGB verboten anzusehen ist, hängt wie dargelegt davon ab, welchen Schutzzweck der Erlaubnisvorbehalt für den Eigenhandel verfolgt. Die Verbotsgesetzqualität könnte sich aus dem bezweckten Schutz der Gläubiger ergeben, wenn der Erlaubnisvorbehalt für den Eigenhandel Verluste von Gläubigervermögen verhindern soll. Dies setzt voraus, dass der Betreiber über das Gläubigervermögen verfügen darf und somit die Gefahr eines Vermögensverlustes für den Kunden besteht. Für den Eigenhandel ist charakteristisch, dass der Betreiber gegenüber dem Kunden als Käufer bzw. Verkäufer auftritt und dabei auf eigene Rechnung tätig wird.[56] Dem Eigenhändler wird somit grundsätzlich kein fremdes Vermögen des Vertragspartners anvertraut. Daher kann er nicht unmittelbar auf das Vermögen des Kunden nachteilig einwirken.[57] Sog. „Market Maker" handeln gemäß der Legaldefinition ausdrücklich „unter Einsatz des eigenen Kapitals" (§ 1 Abs. 1a Satz 2 Nr. 4 lit. a KWG). Das Preis- und Erfüllungsrisiko des Geschäfts wird von dem Eigenhändler getragen.[58] Für den Vertragspartner des Eigenhandels besteht hingegen kein finanzielles Verlustrisiko. Viele Formen des Eigenhandels zeichnen sich zudem dadurch aus, dass die Betreiber im Rahmen einer Auftragsausführung des Kunden handeln. Dies betrifft gemäß der Legaldefinition beispielsweise den klassischen Eigenhandel oder den Eigenhandel mit einem SI. Das Handeln in Ausführung der Kundenorder führt dazu, dass der Eigenhändler Vorgaben des Kunden zu berücksichtigen hat und weitgehend keine freien Entscheidungen über das fremde Vermögen treffen darf. Der in § 32 Abs. 1 KWG manifestierte Zweck, den Gläubiger vor Vermögensverlusten zu schützen, kommt beim Eigenhandel regelmäßig nicht zum Tragen. In diesem Lichte erfüllt der Erlaubnisvorbehalt für den Eigenhandel nicht die Anforderungen an ein Verbotsgesetz i. S. v. § 134 BGB.

---

[56]KWG, CRR-VO/*Schäfer*, 2016, § 1 KWG Rn. 169.
[57]Zur Beurteilung des unerlaubt betriebenen Finanzkommissionsgeschäfts siehe Rost 2014, S. 43.
[58]BaFin 2018, o. S., Ziffer 1 c) bb).

Anderes könnte aber in Bezug auf den systemischen Schutz des Kreditwesens gelten. Der systemische Schutz des Kreditwesens könnte gefährdet sein, wenn der Eigenhandel mit erhöhten Risiken für den Finanzmarkt verbunden ist. Beim Eigenhandel werden typischerweise Wertpapiere oder Derivate gekauft bzw. verkauft.[59] Der Handel kann durch Kassageschäfte[60], aber auch in Form von Termingeschäften abgeschlossen werden.[61] Dies hat zur Folge, dass teilweise „offene" Positionen aufgebaut und gehalten werden.[62] Hiermit können höhere Gewinnerwartungen realisiert werden.[63] Mit dem Bestand an offenen Positionen sind Kontrahentenausfallrisiken und Marktpreisrisiken[64] verbunden.[65] Vor diesen Risiken können sich Eigenhändler mit risikominimierenden Transaktionen schützen, die wiederum Kosten verursachen und den Gewinn reduzieren.[66] Das Betreiben von Eigenhandel ist daher in der Regel aufgrund der hohen Kosten bei größeren Instituten vorzufinden, die über geeignete Risikomanagementsysteme verfügen.[67]

Die in Kauf genommenen Risiken ermöglichen es den Eigenhändlern, ihre zentralen Funktionen für den Markt zu verwirklichen. Ein wesentliches Merkmal ist, dass Eigenhändler ihren vereinfachten Zugang zum Markt nutzen und Kunden auf diese Weise den Abschluss bestimmter Geschäfte ermöglichen.[68] Market Maker dienen etwa als Liquiditätsgeber für den Handel, indem sie Finanzmarktteilnehmern als Gegenpartei gegenüber stehen und ihre Transaktionsinteressen zu einem marktgerechten Preis umsetzen.[69] Ihre Relevanz zeigt sich an der Tatsache, dass Market Maker an Handelsplätzen bei der Hälfte aller Transaktionen als

---

[59]Wohlschlägl-Aschberger 2019, S. 141.

[60]Unter Kassageschäften versteht man Handelskäufe, die mangels vereinbartem Erfüllungs-zeitpunkt Zug-um-Zug zu erfüllen sind. Die übliche Abwicklungsfrist beträgt höchstens zwei Handelstage. Bankrecht/*Köhler/Büscher,* 2018, Kap. 22 Rn. 5. Siehe hierzu auch Art. 38 Abs. 2 der Verordnung (EG) Nr. 1287/2006.

[61]Wohlschlägl-Aschberger 2019, S. 141.

[62]Wohlschlägl-Aschberger 2019, S. 142.

[63]Vgl. Wohlschlägl-Aschberger 2019, S. 142.

[64]Hierzu zählen u. a. Kursrisiken, Zinsänderungsrisiken und Währungsrisiken. KWG, CRR-VO/*Braun,* 2016, § 25a KWG Rn. 281–282.

[65]Wohlschlägl-Aschberger 2019, S. 142.

[66]Wohlschlägl-Aschberger 2019, S. 144.

[67]Wohlschlägl-Aschberger 2019, S. 138.

[68]Bankrecht/*Köhler,* 2018, Kap. 5 Rn. 183.

[69]Müller-Lankow, WM 2017, S. 2335, 2335.

Gegenpartei zur Verfügung stehen.[70] Diese wirtschaftliche Funktion erfüllt auch ein SI, welcher Eigenhandelsgeschäfte außerbörslich abschließt.[71] Insbesondere die Funktion der Liquiditätsversorgung macht Eigenhändler zu relevanten Finanzmarktteilnehmern, die die Stabilität des Marktes erheblich beeinträchtigen können.[72]

Unter Berücksichtigung dieser Risikoaspekte wurde im Jahre 2014 ein Vorschlag der EU-Kommission für eine Verordnung[73] veröffentlicht, der u. a. ein Verbot des Eigenhandels für Großbanken vorsieht. Das Verbot wurde mit dem Ziel begründet, die „Risiken, Komplexität, Verflechtungen und Interessenkonflikte" aus dem Eigenhandel zu verringern, um das EU-Finanzsystem nicht zu gefährden.[74] Diese Geschäftsart wäre mit zahlreichen Risiken verbunden und würde gleichzeitig der Wirtschaft keinen Mehrwert bieten.[75] Mit dem Begehren bringt die EU-Kommission zum Ausdruck, dass in dem Eigenhandel das Potenzial gesehen wird, das System und die Stabilität des Finanzmarktes erheblich zu schädigen.

Die Aufsicht über den Eigenhandel wurde außerdem im Laufe der Jahre verstärkt. Aufgrund der zunehmenden praktischen Relevanz wurde der Begriff des Eigenhandels im Zuge der MiFID II/MiFIR erweitert und die Pflichten für die Betreiber ausgebaut.[76]

In Anbetracht der Risikoaspekte und der strengeren europarechtlichen Vorschriften für den Eigenhandel kann davon ausgegangen werden, dass eine Transparenz und die Kontrolle dieser Geschäftsart nicht eingeschränkt werden sollten. Es wäre mit dem Zweck der § 32 Abs. 1 KWG i. V. m. § 1 Abs. 1a Satz 2 Nr. 4 KWG im Lichte von MiFID II/ MiFIR unvereinbar, Eigenhandelsgeschäfte von VK-Brokern ohne KWG-Erlaubnis ohne Weiteres als wirksam zu erachten, da auf diese Weise dem Ziel eines transparenteren und sicheren Finanzmarktes nicht ausreichend Rechnung getragen wird. Eine Verneinung der Anwendbarkeit von § 134 BGB hätte zur Folge, dass die Aufsicht den Anschein erwecken würde,

---

[70]Müller-Lankow, WM 2017, S. 2335, 2335.

[71]Bankrecht/*Köhler*, 2018, Kap. 5 Rn. 182.

[72]Müller-Lankow, WM 2017, S. 2335, 2335.

[73]EU-Kommission, Vorschlag COM(2014) 43 final vom 13. 01. 2014.

[74]EU-Kommission, Vorschlag COM(2014) 43 final vom 13. 01. 2014, S. 6 f.

[75]EU-Kommission, Pressemitteilung vom 29. 1. 2014 über die Strukturreform des Bankensektors in der EU, o. S. URL: http://europa.eu/rapid/press-release_IP-14-85_de.htm (zuletzt abgerufen am 2. März 2019).

[76]Vgl. hierzu die Ausführungen unter Ziffer 5. 2. 1.

die ohnehin umstrittenen Eigenhandelsgeschäfte von VK-Brokern ohne KWG-Erlaubnis zu billigen. Dies könnte dazu führen, dass VK-Institute nach dem Brexit vermehrt Umgehungsgeschäfte betreiben und auf die nationale Zulassung gegebenenfalls verzichten. Den Umgehungsgeschäften sollte mit einer drohenden Nichtigkeit entgegengewirkt werden.

Zum vorrangigen systematischen Schutz des Kreditwesens ergibt sich somit aus der teleologischen Auslegung, dass der Erlaubnisvorbehalt für den Eigenhandel ein Verbotsgesetz i. S. v. § 134 BGB darstellt.

Im Rahmen der systematischen, historischen und teleologischen Auslegung kann der Verbotsgesetzcharakter von §§ 32 Abs. 1, 1 Abs. 1a Satz 2 Nr. 4 KWG bejaht werden. Damit liegt ein Verbotsgesetz i. S. v. § 134 BGB vor.

5.3.3 Verstoß gegen das Verbotsgesetz

Ferner müsste der VK-Broker gegen das Verbotsgesetz verstoßen haben. Ein Verstoß i. S. v. § 134 BGB liegt vor, wenn der objektive Tatbestand des Verbotsgesetzes erfüllt ist.[77] Der objektive Tatbestand des infrage stehenden Verbotsgesetzes ist erfüllt, wenn jemand ohne Zulassung der BaFin vorsätzlich oder fahrlässig Eigenhandel betreibt.

Ein Broker aus dem VK, der Eigenhandel mit deutschen Kunden ohne KWG-Erlaubnis betreibt, erfüllt grundsätzlich die Tatbestandsvoraussetzungen des § 32 Abs. 1 KWG. Ein vorsätzliches Handeln wird dem Broker unterstellt, da er im vorliegenden Fall weiß, dass er nach dem Brexit für seine Tätigkeit nicht mehr von dem Unionsrecht, insbesondere dem Europäischen Pass, profitieren kann. Der objektive Tatbestand ist erfüllt, sodass der Broker mit dem unerlaubten Eigenhandel gegen das Verbotsgesetz (§ 32 Abs. 1 KWG i. V. m. § 1 Abs. 1a Satz 2 Nr. 4 KWG) verstößt. Somit liegt ein Verstoß i. S. v. § 134 BGB vor.

Fraglich ist, ob das Verbotsgesetz einen einseitigen oder mehrseitigen Verstoß voraussetzt. Die Frage, ob ein einseitiger oder beidseitiger Verstoß vorliegt, kann zu unterschiedlichen Ergebnissen hinsichtlich der zivilrechtlichen Wirkungen des Verbots führen.[78] Eine einseitige Verbotsrichtung ist anzunehmen, wenn sich das Verbot nur an eine der am Rechtsgeschäft beteiligten Parteien richtet.[79]

[77]BGB Handkommentar/*Dörner,* 2019, § 134 Rn. 6.
[78]BeckOK BGB/*Wendtland,* 2018, § 134 Rn. 11.
[79]Staudinger/*Sack/Seibl,* 2017, § 134 Rn. 73.

Wie bereits ausgeführt, erfassen sowohl der Erlaubnisvorbehalt als auch die straf- und verwaltungsrechtlichen Folgen ausschließlich den Betreiber, in diesem Fall den Broker.[80] Somit liegt eine einseitige Verbotsrichtung vor.

Der einseitige Verstoß einer Vertragspartei genügt dann, wenn der Zweck des Verbotsgesetzes anders nicht erreicht und die rechtsgeschäftliche Regelung nicht hingenommen werden kann.[81] Ein einseitiger Verstoß gegen den Erlaubnisvorbehalt ist aus den bereits dargelegten Gründen ausreichend.[82]

Folglich liegt mit dem unerlaubten Eigenhandel des VK-Brokers ein einseitiger Verstoß gegen §§ 32 Abs. 1, 1 Abs. 1a Satz 2 Nr. 4 KWG vor.

5.3.4   Ergebnis

Somit liegen die Voraussetzungen des § 134 BGB vor. Rechtsgeschäfte eines VK- Brokers, der Eigenhandel ohne KWG-Erlaubnis gemäß § 32 Abs. 1 KWG i. V. m. § 1 Abs. 1a Satz 2 Nr. 4 KWG betreibt, verstoßen gegen § 134 BGB.

5.3.5   Rechtsfolgen

§ 134 BGB normiert die Nichtigkeit des Rechtsgeschäftes als Rechtsfolge, wenn sich nicht aus dem Gesetz ein anderes ergibt. Aus dem Verbotsgesetz gemäß §§ 3 2 Abs. 1, 1 Abs. 1a Satz 2 Nr. 4 KWG könnte sich ein anderes als die Nichtigkeit des Rechtsgeschäftes ergeben. Es kommen zahlreiche alternative Rechtsfolgen anstelle von der Nichtigkeit in Betracht. Die Nichtigkeit kann im Einzelfall gegen Treu und Glauben gemäß § 242 BGB verstoßen.[83] So kann sich statt der Gesamtnichtigkeit auch ausnahmsweise die Wirksamkeit des Rechtsgeschäftes ergeben.[84] Zudem sind Rechtsfolgen wie die Teilnichtigkeit oder die schwebende Unwirksamkeit grundsätzlich denkbar.[85]

---

[80]Vgl. hierzu die Ausführungen unter Ziffer 5. 3. 2. 2. 2.
[81]BeckOK BGB/*Wendtland,* 2018, § 134 Rn. 18.
[82]Vgl. hierzu die Ausführungen unter Ziffer 5. 3. 2. 2. 2.
[83]Erman/*Arnold,* 2017, § 134 Rn. 18.
[84]Rost 2014, S. 55.
[85]Rost 2014, S. 55.

Der Wortlaut des Erlaubnisvorbehalts sieht keine eigene Rechtsfolgenregelung vor. Ist wie bei § 32 Abs. 1 KWG keine verbotseigene Rechtsfolge ausdrücklich geregelt, so ist die Sanktion nach dem Sinn und Zweck des einschlägigen Verbotsgesetzes zu ermitteln.[86] Hierbei steht die Frage im Vordergrund, welche Rechtsfolge dem Schutzzweck im Einzelfall am ehesten Rechnung trägt.[87]

Die Rechtsfolgen eines Verstoßes gegen den Erlaubnisvorbehalt sind ebenfalls umstritten.[88] Bei einseitigen Verbotsrichtungen, wie § 32 Abs. 1 KWG, wird vom BGH in ständiger Rechtsprechung die Wirksamkeit des Rechtsgeschäftes angenommen.[89] Der gesetzestreue Vertragspartner soll durch das unerlaubte Handeln des Betreibers nicht in hohem Maße benachteiligt werden. Dieser Rechtsgedanke wird auch von der differenzierenden Literaturmeinung geteilt. Die Wirksamkeit von Darlehensverträgen wird von Vertretern dieser Ansicht damit begründet, dass dem unerlaubt Handelnden nicht der sofortige Abzug des vertraglich zugesicherten Geldes ermöglicht werden sollte, da der Gläubiger auf das langfristige Verfügen vertraut hatte.[90]

Im vorliegenden Fall hat die Ermittlung des Schutzzweckes ergeben, dass in Bezug auf den Eigenhandel der systemische Schutz des Kreditwesens gewahrt werden soll und daher ein Verbotsgesetz i. S. v. § 134 BGB anzunehmen ist. Diesem Ergebnis liegt die Annahme zugrunde, dass die Sicherheit des Finanzmarktes als öffentliches Interesse der Privatautonomie im Einzelfall vorgehen kann. Gleichwohl sollte die Privatautonomie bei Ermittlung der Rechtsfolgen nicht außer Acht gelassen werden. Ein Eingriff sollte, im Einklang mit dem Grundsatz von Treu und Glauben, nur in einem Ausmaß erfolgen, welches die schutzwürdige Vertragspartei nicht zusätzlich unbillig belastet.

Es stellt sich die Frage, welche Rechtsfolge den Kunden als schutzwürdige Vertragspartei des Brokers unbillig belasten könnte. Als Benachteiligung des Gläubigers wird stets die Rückabwicklung des Vertrages als Folge der Gesamtnichtigkeit diskutiert.[91] Nichtige Rechtsgeschäfte werden mithilfe des Bereicherungsrechts nach §§ 812 ff. BGB rückabgewickelt.[92]

---

[86]MüKo BGB/*Armbrüster*, 2018, § 134 Rn. 119.

[87]Rost 2014, S. 55.

[88]Vertiefend in Rost 2014, S. 54–63.

[89]BGH, Urt. v. 14. 12. 1999, Az.: X ZR 34/98 = WM 2000, S. 839, 841.

[90]Vgl. hierzu die Ausführungen unter Ziffer 5. 3. 2. 1. 1.

[91]Rost 2014, S. 59, S. 62.

[92]Canaris 1981, 10. Abschnitt Rn. 1178.

Kassageschäfte sind am Markt bereits vollzogen und sollten nicht rückab-gewickelt werden.[93] Die bereicherungsrechtliche Rückabwicklung ist mit mehre-ren Schwächen verbunden.[94] Eine unveränderte Rechtslage der abgeschlossenen Geschäfte schadet dem Kunden weniger als eine bereicherungsrechtliche Rückabwicklung. Die Nichtigkeit des Rechtsgeschäftes würde somit zu einer Benachteiligung des Kunden führen. Für Kassageschäfte sollte daher die Wirk-samkeit als Rechtsfolge angenommen werden.

Anderes sollte für Termingeschäfte, die regelmäßig noch nicht vollzogen sind, gelten. *Rost* führt hierzu aus, dass eine Teilnichtigkeit sinnvoll erscheint, weil der Erlaubnisvorbehalt auf diese Weise eine Präventivwirkung zeigen würde und den schutzwürdigen Vertragspartner nicht unangemessen benachteilige.[95] In Anlehnung an *Canaris* könnte auch eine halbseitige Teilnichtigkeit sinnvoll sein.[96] Hierbei soll sich die schutzwürdige Vertragspartei auf die Teilnichtig-keit berufen können und die eigenen vertraglichen Ansprüche behalten.[97] Der unerlaubt Handelnde muss hingegen seine Ansprüche nach dem Bereicherungs-recht, in diesem Falle nach § 812 Abs. 1 Satz 1 1. Alt. BGB, einfordern.[98] Zudem könnte dem unerlaubt Handelnden bei einem bewussten Verstoß gegen § 32 Abs. 1 KWG der Verlust seiner Ansprüche gemäß § 817 Satz 2 BGB dro-hen.[99] Diese Rechtsfolge entspricht einer billigen Abwicklung von Termin-geschäften und schafft ein Gleichgewicht zwischen (dem hier vorrangigen) Institutionsschutz und dem Gläubigerschutz. Im Hinblick auf Termingeschäfte wird die halbseitige Teilnichtigkeit dem Gesetzeszweck am ehesten gerecht.

---

[93]Ähnliches gilt für am Markt vollzogene Ausführungsgeschäfte eines Finanz-kommissionärs.
Vgl. hierzu Rost 2014, S. 61 f.

[94]Als Schwäche wird etwa die Einrede der Entreicherung gemäß § 818 Abs. 3 BGB angeführt.
Vgl. hierzu Rost 2014, S. 62.

[95]Rost 2014, S. 59.

[96]Canaris 1983, S. 31.

[97]Canaris 1983, S. 31.

[98]Rost 2014, S. 63.

[99]Rost 2014, S. 63.

Fazit

6

Die voranstehenden Ausführungen haben gezeigt, dass der Brexit massive Auswirkungen auf grenzüberschreitende Finanzdienstleistungen zwischen deutschen
und britischen Marktakteuren hat.

Von zentraler Bedeutung ist das künftige Problem des Marktzugangs. Das aktu-
elle Brexit-Abkommen enthält hierzu keine Lösungen. Die politische Erklärung
sieht vor, dass grenzüberschreitende Finanzdienstleistungen durch Äquivalenzentscheidungen der EU-Kommission ermöglicht werden sollen. Das erfordert aber
einen weitgehenden Gleichlauf der Aufsichtsregelungen und der Aufsichtspraxis.

Das VK kann sich nach dem Brexit nicht mehr ohne Weiteres auf die Binnen-
marktfreiheiten berufen. Von dem weiten Anwendungsbereich der Kapital- und
Zahlungsverkehrsfreiheit werden britische Marktteilnehmer nur in wenigen Fällen Gebrauch machen können. In Bezug auf das Sekundärrecht hängt die Geltung
des Unionsrechts zukünftig von dem konkreten Rechtsakt und seiner Verbindlich-
keit ab. Das VK wird zudem nicht mehr in den Geltungsbereich des unverbindlichen Tertiärrechtes fallen.

Als Drittstaat wird das VK für die Erbringung von Finanzdienstleistungen
innerhalb der EU in hohem Maße auf Äquivalenzentscheidungen angewiesen
sein. Hierfür wird sich das VK künftig stets am Finanzmarktrecht der EU und seinen Entwicklungen orientieren müssen. Eine ablehnende Äquivalenzentscheidung
hätte zur Folge, dass die Drittstaatenregelungen eines Rechtsaktes für alle britischen Unternehmen nicht anwendbar wären. Die Äquivalenzregeln können nicht
mit den Vorteilen des Europäischen Passes gleichgesetzt werden, weil Drittstaaten
lediglich der Zugang zu einem kleineren, klar abgegrenzten Finanzmarktbereich
gewährt wird, der nicht alle Sachverhalte abdeckt.

Das Drittstaatenregime unter MiFID II/MiFIR differenziert zwischen zwei
Kundengruppen. Die Rechtsakte ermöglichen den britischen Finanzinstituten

© Springer Fachmedien Wiesbaden GmbH, ein Teil von Springer Nature 2019
L. Löbig und D. H. Wendt, *Brexit und der Finanzmarkt*, essentials,
https://doi.org/10.1007/978-3-658-26419-2_6

nur eingeschränkte Handlungsmöglichkeiten am EU-Finanzmarkt. Für geborene professionelle Kunden und geeignete Gegenparteien bestehen zwar harmonisierte Drittstaatenregeln, die von einer Äquivalenzentscheidung abhängen. Der Diversität an Finanzdienstleistungen aus dem VK wird jedoch nicht ausreichend Rechnung getragen, da für das Retailgeschäft keine harmonisierten Drittstaatenregelungen existieren. Eine Herausforderung und ein erheblicher Aufwand für Institute aus dem VK wird zukünftig darin bestehen, diverse uneinheitliche Zulassungsverfahren durchlaufen zu müssen, die sich für das Retailgeschäft nach den nationalen Regelungen der Mitgliedstaaten richten. Nur auf diese Weise wird es ihnen erlaubt sein, eine Auswahl an Finanzdienstleistungen kontinuierlich in der EU zu erbringen.

Die passive Finanzdienstleistungsfreiheit bietet nur eingeschränkt Erleichterungen.

Der EMIR-Clearingpflicht kommt eine entscheidende Bedeutung zu, da die Stabilität des Finanzmarktes durch Minimierung der Transaktionsrisiken gefördert wird. In diesem Kontext hat sich herausgestellt, dass insb. die britische LCH ein Clearingmonopol in der EU besitzt. Die Eurex als konkurrierende CCP wird das Clearingvolumen der LCH voraussichtlich nicht auffangen können. Das Drittstaatenregime unter der EMIR wurde aufgrund seiner Ungeeignetheit für große Volumina bereits hinterfragt. Um eine Kontinuität der Clearinganbindungen nach dem Brexit weiterhin zu gewährleisten, wurde ein Änderungsbedarf der EMIR-Verordnung zugunsten britischer CCP identifiziert. Auf diese Weise könnte verhindert werden, dass für bestimmte Derivatekategorien nach dem Brexit keine verfügbare CCP mehr besteht. Anderenfalls könnten sich Kostensteigerungen durch erhöhte Eigenkapital- und Marginanforderungen nach dem Brexit verwirklichen.

Der EMIR-Review könnte zur Folge haben, dass VK-CCP einer strengeren Aufsicht der ESMA unterworfen werden. Im Worst Case könnten ihnen Clearingdienstleistungen in der EU aufgrund ihrer Systemrelevanz versagt werden. Aus dem EMIR-Review geht hervor, dass sich der EU-Gesetzgeber des Änderungsbedarfs des Drittstaatenregimes durchaus bewusst ist und eine mangelhafte Aufsicht von VK-CCP befürchtet. Durch die Maßnahme der EZB, Euro-Clearing außerhalb der Eurozone zu verbieten, haben sich ebenfalls Zweifel bezüglich der Aufsicht außerhalb der Eurozone gezeigt. Die Frage, wie die Aufsicht von britischen CCP künftig zu bewerten ist, wenn das VK nicht nur außerhalb der Eurozone, sondern auch außerhalb der EU liegt, bleibt weiterhin offen.

Die Analyse der regulatorischen Auswirkungen hat somit ergeben, dass britische Marktteilnehmer künftig keinen vergleichbaren Marktzugang zu der EU haben werden. Vor diesem Hintergrund sollte eine Änderung der Drittstaaten-regelungen zugunsten britischer Marktteilnehmer von dem EU-Gesetzgeber in Erwägung gezogen werden.

In dem abschließenden Teil wurden die vertraglichen Brexit-Folgen am Bei-spiel von Eigenhandelsgeschäften untersucht. Der Hintergrund hierfür war die Sorge von Finanzmarktakteuren, nach dem Brexit über eine Banklizenz in den einzelnen Mitgliedstaaten verfügen zu müssen. In diesem Kontext wurde zunächst die Erlaubnispflicht nach dem KWG erklärt. Hierbei wurde festgestellt, dass der Zweck des Erlaubnisvorbehalts je nach Geschäftsart differenziert.

Die gutachterliche Prüfung des § 134 BGB hat die möglichen vertraglichen Folgen für Broker aus dem VK aufgezeigt, die Eigenhandel ohne KWG-Erlaubnis mit deutschen Kunden betreiben. Es konnte festgestellt werden, dass die Frage nach der Verbotsgesetzqualität von § 32 Abs. 1 KWG in der Literatur und Recht-sprechung seit Jahrzehnten umstritten ist. Die Gesetzesauslegung hat zu dem Ergebnis geführt, dass der Erlaubnisvorbehalt für den Eigenhandel ein Verbots-gesetz i. S. v. § 134 BGB darstellt. Dieses Ergebnis wurde einerseits auf die Tat-sache gestützt, dass dem VK-Broker strafrechtliche und verwaltungsrechtliche Konsequenzen drohen. Als ausschlaggebendes Argument wurden die Risiken des Eigenhandels angeführt, die die Stabilität des Finanzmarktes erheblich gefährden können.

Es wurde ferner festgestellt, dass der beschriebene Sachverhalt den Tatbestand von § 134 BGB erfüllt, jedoch abweichende Rechtsfolgen möglich sind. Bei vollzogenen Kassageschäften ist von einer Wirksamkeit der Geschäfte auszu-gehen. Im Falle von Termingeschäften droht die halbseitige Teilnichtigkeit, bei der Ansprüche nach dem schwächeren Bereicherungsrecht abgewickelt werden. Die Prüfung von § 134 BGB hat gezeigt, dass bei einer negativen Äquivalenzent-scheidung die Beantragung einzelner nationaler Banklizenzen für Broker aus dem VK unumgänglich sein wird, um die Vertragskontinuität nicht zu gefährden.

Was Sie aus diesem *essential* mitnehmen können

- Mit dem Brexit wird das Unionsrecht nicht mehr auf das Vereinigte Königreich anwendbar sein.
- Finanzinstitute aus dem Vereinigten Königreich werden nach dem Brexit auf einzelne Äquivalenzentscheidungen angewiesen sein.
- Für den Erlass von Äquivalenzentscheidungen wird sich das britische Recht stets am Unionsrecht orientieren müssen.
- Die Vertragskontinuität zwischen deutschen und britischen Finanzmarktakteuren kann durch § 134 BGB gefährdet sein.

© Springer Fachmedien Wiesbaden GmbH, ein Teil von Springer Nature 2019
L. Löbig und D. H. Wendt, *Brexit und der Finanzmarkt,* essentials,
https://doi.org/10.1007/978-3-658-26419-2

Quellenverzeichnis

BaFin (2005). *Hinweise zur Erlaubnispflicht nach § 32 Abs. 1 KWG in Verbindung mit § 1 Abs. 1 und Abs. 1a KWG von grenzüberschreitend betriebenen Bankgeschäften und/ oder grenzüberschreitend erbrachten Finanzdienstleistungen.* https://www.bafin.de/SharedDocs/Veroeffentlichungen/DE/Merkblatt/mb_050401_grenzueberschreitend.html. Zugegriffen: 28. Februar 2019.

BaFin (2013). *CRD IV – Capital Requirements Directive IV.* https://www.bafin.de/SharedDocs/Veroeffentlichungen/DE/Fachartikel/2013/fa_bj_2013_05_crd_iv.html. Zugegriffen: 28. Februar 2019.

BaFin (2016). *MiFID II und das Zweite Finanzmarktnovellierungsgesetz.* https://www.bafin.de/DE/PublikationenDaten/Jahresbericht/Jahresbericht2016/Kapitel5/Kapitel5_1/Kapitel5_1_4/kapitel5_1_4_node.html. Zugegriffen: 28. Februar 2019.

BaFin (2018). *Hinweise zu den Tatbeständen des Eigenhandels und des Eigengeschäfts.* https://www.bafin.de/SharedDocs/Veroeffentlichungen/DE/Merkblatt/mb_110322_eigenhandel_eigengeschaeft_neu.html. Zugegriffen: 28. Februar 2019.

Bamberger, H. et al. (Hrsg). (2018). *Kommentar zum Bürgerlichen Gesetzbuch: BGB* (47. Aufl.). München: C.H. Beck. Zitiert: BeckOK BGB/ *Bearbeiter.*

Basedow, J. (2016). Brexit und das Wirtschafts- und Privatrecht. *ZEuP*, 567–572.

Berger, H. & Badenhoop, N. (2018). Brexit – Folgen für Kreditinstitute. *WM*, 1078–1085.

Bergmann (1953). Rechtswirksamkeit von Ansparverträgen. *NJW*, 1078–1085.

Bergold, F. & Wendt, D. (2019). Technische Durchführungsstandards im Finanzmarktrecht – Fortschrittliche Rechtsetzung oder Demokratiedefizit? *EuR*, 86–110.

Boos, K., Fischer, R. & Schulte-Mattler, H. (Hrsg.) (2016). KWG, CRR-VO (5. Aufl.). München: C.H. Beck. Zitiert: KWG, CRR-VO/ *Bearbeiter.*

Brambring, M. (2016). *Zentrales Clearing von OTC-Derivaten unter EMIR: zugleich ein Beitrag zur Regulierung systemischer Risiken im Finanzmarktrecht.* Dissertation, Bucerius Law School Hamburg.

Brühl, V. (2017). *Das Clearing von Euro-OTC-Derivaten post Brexit – eine Analyse der vorliegenden Kostenschätzungen.* Frankfurt am Main: Center for Financial Studies.

Buck-Heeb, P. & Poelzig, D. (2017). Die Verhaltenspflichten (§§ 63 ff. WpHG n. F.) nach dem 2. FiMaNoG – Inhalt und Durchsetzung. *BKR*, 485–495.

© Springer Fachmedien Wiesbaden GmbH, ein Teil von Springer Nature 2019
L. Löbig und D. H. Wendt, *Brexit und der Finanzmarkt,* essentials,
https://doi.org/10.1007/978-3-658-26419-2

Bundesverband deutscher Banken e. V. (2018). *Positionspapier des Bankenverbandes zur Weiterentwicklung des EU-Äquivalenz-Regimes.* https://bankenverband.de/media/files/2018-11-12_Pos_Aequivalenz_DE_002.pdf. Zugegriffen: 28. Februar 2019.

Calliess, C., Ruffert, M. (Hrsg.) (2016). *EUV/ AEUV mit Europäischer Grundrechtecharta* (5. Aufl.). München: C.H. Beck. Zitiert: EUV/ AEUV/ *Bearbeiter.*

Canaris, C. (1981). *Bankvertragsrecht* (2. Aufl.). Berlin: De Gruyter.

Canaris, C. (1983). *Gesetzliches Verbot und Rechtsgeschäft.* Heidelberg: C.F. Müller.

Danner, W., Theobald, C. (Hrsg.) (2018). *Energierecht* (98. EL). München: C.H. Beck. Zitiert: Energierecht/ *Bearbeiter.*

Deutscher Bundestag (2016). *Beitritt zum Europäischen Wirtschaftsraum (EWR).* https://www.bundestag.de/blob/437752/6cb4c1cf5bd8b9146cfcbb24a0e9dce0/pe-6-101-16-pdf-data.pdf. Zugegriffen: 28. Februar 2019.

Deutsches Aktieninstitut e. V. (2017 a). *Austrittsverhandlungen der Europäischen Union mit dem Vereinigten Königreich: Brexit-Risiken minimieren und den europäischen Kapitalmarkt stärken, Empfehlungen des Deutschen Aktieninstituts, 1. Positionspapier.* https://www.dai.de/files/dai_usercontent/dokumente/studien/2017-02-28%20Positions-papier%20Brexit%20Deutsches%20Aktieninstitut.pdf. Zugegriffen: 28. Februar 2019.

Deutsches Aktieninstitut e. V. (2017 b). *Austrittsverhandlungen der Europäischen Union mit dem Vereinigten Königreich: Brexit-Risiken minimieren und den europäischen Kapitalmarkt stärken, Empfehlungen des Deutschen Aktieninstituts, 2. Positionspapier.* https://www.dai.de/files/dai_usercontent/dokumente/studien/2017-10-27%202.%20Positionspapier%20Brexit.pdf. Zugegriffen: 28. Februar 2019.

Dourado, A. (2017). Free Movement of Capital and Brexit. In da Costa Cabral, N., Gonçalves, J. & Rodrigues, N. (Hrsg.), *After Brexit: Consequences for the European Union* (S. 325–341). Cham: Springer International Publishing.

Dreyer, D. & Delgado-Rodriguez, P. (2015). On Venue Trading und die Zukunft des OTC- Handels nach MiFID II. In Temporale, R. (Hrsg.), *Europäische Finanzmarktregulierung* (S. 39–54). Stuttgart: Schäffer-Poeschel.

Ebenroth, C. et al. (Hrsg.) (2015). *Handelsgesetzbuch* Band 2 (3. Aufl.). München: Vahlen. Zitiert: Handelsgesetzbuch/ *Bearbeiter.*

Erbs, G. & Kohlhaas, M. (Hrsg.) (2018). *Strafrechtliche Nebengesetze* (220. EL). München: C.H. Beck. Zitiert: Strafrechtliche Nebengesetze/ *Bearbeiter.*

Eschbach, A. (2018). *Delegierte Rechtsakte und Durchführungsrechtsakte im Europarecht.* Dissertation, Universität Köln.

ESMA (2018). *Questions and Answers on MiFID II and MiFIR investor protection and intermediaries topics.* https://www.esma.europa.eu/sites/default/files/library/esma35-43-349_mifid_ii_qas_on_investor_protection_topics.pdf. Zugegriffen: 28. Februar 2019.

Europäische Kommission (o. J.). *Recognition of non-EU financial frameworks (equivalence decisions).* https://ec.europa.eu/info/business-economy-euro/banking-and-finance/international-relations/recognition-non-eu-financial-frameworks-equivalence-decisions_en. Zugegriffen: 28. Februar 2019.

Europäische Kommission (2018a). *Brexit Negotiations: What is in the Withdrawal Agreement.* http://europa.eu/rapid/press-release_MEMO-18-6422_en.htm. Zugegriffen: 28. Februar 2019.

Europäische Kommission (2018b). *Präsident Juncker beim Sondergipfel des Europäischen Rates* (Art. 50). https://ec.europa.eu/commission/news/president-juncker-special-meeting-european-council-art-50-2018-nov-25_de. Zugegriffen: 28. Februar 2019.

Falter, M. & Rüdel, N. (2016). Brexit – Anwendbare Rechtsquellen und Auswirkungen auf Verträge. *GWR*, 475–477.

Futures Industry Association (2017). *The Impact of a No-Deal Brexit on the Cleared Derivatives Industry.* https://fia.org/sites/default/files/FIA_WP_Brexit_NoDeal.pdf. Zugegriffen: 28. Februar 2019.

Geier, B. (2018). Euro-Clearing – Welche Auswirkungen hat der Brexit auf das Clearing mit CCP im UK? *RdF*, 269–270.

Geiger, R., Khan, D. & Kotzur, M. (Hrsg.) (2017). *EUV/ AEUV* (6. Aufl.). München: C.H. Beck. Zitiert: EUV/ AEUV/ *Bearbeiter.*

Gomber, P. & Nassauer, F. (2014). Neuordnung der Finanzmärkte in Europa durch MiFID II/ MiFIR. *ZBB*, 250–260.

Grabitz, E., Hilf, M. & Nettesheim, M. (Hrsg.) (2018). *Das Recht der Europäischen Union* (64. EL). München: C.H. Beck. Zitiert: Das Recht der EU/ *Bearbeiter.*

Graf Kerssenbrock, R. (2017). *Die Regulierung komplexer Finanzinstrumente: MiFID II/ MiFIR und Behavioral Finance.* Dissertation, Bucerius Law School Hamburg.

Hanten, M. & Sacarcelik, O. (2018). Die Auswirkungen des Brexit auf den Marktzugang von Kreditinstituten und Wertpapierfirmen. *WM*, 1872–1882.

Herz, B. (2017). Neues zu den aufsichtsrechtlichen Implikationen des Brexit. *EuZW*, 993–996.

Jauernig, O. (Hrsg.) (2018). *Bürgerliches Gesetzbuch: BGB* (17. Aufl.). München: C.H. Beck. Zitiert: Jauernig/ *Bearbeiter.*

Joecks, W. & Miebach, K. (Hrsg.) (2015). *Münchener Kommentar zum Strafgesetzbuch* (2. Aufl.). München: C.H. Beck. Zitiert: MüKo StGB/ *Bearbeiter.*

Kalss, S. (2014). Kapitalmarktrecht. In Riesenhuber, K. (Hrsg.), *Europäische Methodenlehre* (3. Aufl.), (S. 453–472). Berlin: De Gruyter.

Kastl, A. (2018). *Brexit-Auswirkungen auf den Europäischen Pass für Banken.* Halle: Institut für Wirtschaftsrecht.

Kilian, W. & Wendt, D. (2017). *Europäisches Wirtschaftsrecht* (6. Aufl.). Baden-Baden: Nomos.

Köhling, L. & Adler, D. (2012). Der neue europäische Regulierungsrahmen für OTC- Derivate – Verordnung über OTC-Derivate, zentrale Gegenparteien und Transaktionsregister – Teil I. *WM*, 2125–2133.

Köhling, L. & Adler, D. (2012). Der neue europäische Regulierungsrahmen für OTC- Derivate – Verordnung über OTC-Derivate, zentrale Gegenparteien und Transaktionsregister – Teil II. *WM*, 2173–2180.

Kramer, R. (1976). *Der Verstoß gegen ein gesetzliches Verbot und die Nichtigkeit von Rechtsgeschäften (§ 134 BGB).* Dissertation, Johannes Gutenberg-Universität Mainz.

Langenbucher, K., Bliesener, D. & Spindler, G. (Hrsg.) (2016). *Bankrechts-Kommentar* (2. Aufl.). München: C.H. Beck. Zitiert: Bankrechts-Kommentar/ *Bearbeiter.*

Lannoo, K. (2017). *Derivatives Clearing and Brexit: A comment on the proposed EMIR revisions.* Brüssel: European Capital Markets Institute.

Lannoo, K. (2017). EU Financial Markets After Brexit. In da Costa Cabral, N., Gonçalves, J., Rodrigues, N. (Hrsg.), *After Brexit: Consequences for the European Union* (S. 385–396). Cham: Springer International Publishing.

Lehmann, M. & Manger-Nestler, C. (2011). Das neue Europäische Finanzaufsichtssystem. *ZBB*, 2–24.

Lünterbusch, A. (1968). *Die privatrechtlichen Auswirkungen des Gesetzes über das Kreditwesen auf Einlagen- und Kreditgeschäfte.* Köln: Institut für Bankwirtschaft und Bankrecht an der Universität zu Köln.

Mai, J. (2010). Die Teilnichtigkeit unerlaubt betriebener Einlagengeschäfte. *ZBB*, 222–231.

Martens, U. (2019). *Die rechtliche Neuordnung des außerbörslichen Derivatehandels durch die EMIR-Verordnung.* Berlin: Springer.

Mayer, B. & Manz, G. (2016). Der Brexit und seine Folgen auf den Rechtsverkehr zwischen der EU und dem Vereinigten Königreich. *BB*, 1731–1740.

Miethe, J. & Pothier, D. (2016). Brexit: Was steht für den britischen Finanzsektor auf dem Spiel? *DIW Wochenbericht*, 681–690.

Müller-Lankow, H. (2017). Abgrenzung des Eigenhandels durch Market-Maker vom Eigengeschäft durch sonstige Liquiditätsgeber. *WM*, 2335–2345.

Nemeczek, H. & Pitz, S. (2017). Die Auswirkungen des Brexit auf den Europäischen Pass für CRR-Kreditinstitute und Wertpapierhandelsunternehmen. *WM*, 120–129.

Oster, M. & Schlichting, G. (2017). *Der Brexit – Hintergrund, Entwicklung und erwartete Auswirkungen.* Koblenz: Hochschule Koblenz – University of Applied Sciences.

Palandt, O. (Hrsg.) (2018*). Bürgerliches Gesetzbuch* (77. Aufl.). München: C.H. Beck. Zitiert: Palandt/ *Bearbeiter.*

Paulus, D. (2017). Der „Brexit" als Störung der „politischen" Geschäftsgrundlage? In Kramme, M., Baldus, C., Schmidt-Kessel, M. (Hrsg.), *Brexit und die juristischen Folgen: Privat- und Wirtschaftsrecht der Europäischen Union* (S. 101–127). Baden-Baden: Nomos.

Pfisterer, P. (2016). *Die neuen Regelungen der MiFID II zum Anlegerschutz: Analyse und Vergleich zur bestehenden Rechtslage.* Wiesbaden: Springer Fachmedien Wiesbaden.

Poelzig, D. & Bärnreuther, M. (2017). Die finanzmarktrechtlichen Implikationen des „Brexit". In Kramme, M., Baldus, C. & Schmidt-Kessel, M. (Hrsg.), *Brexit und die juristischen Folgen: Privat- und Wirtschaftsrecht der Europäischen Union* (S. 153–176). Baden-Baden: Nomos.

Priebe, R. (2018). Brexit: „Halbzeit". *EuZW*, 347–348.

Regierung des Vereinigten Königreichs (2017). *Prime Ministers Letter to European Council President Donald Tusk.* https://assets.publishing.service.gov.uk/government/uploads/system/uploads/attachment_data/file/604079/Prime_Ministers_letter_to_European_Council_President_Donald_Tusk.pdf. Zugegriffen: 1. März 2019.

Regierung des Vereinigten Königreichs (2018 a). *Agreement on the withdrawal of the United Kingdom of Great Britain and Northern Ireland from the European Union and the European Atomic Energy Community, as endorsed by leaders at a special meeting of the European Council on 25 November 2018.* https://assets.publishing.service.gov.uk/government/uploads/system/uploads/attachment_data/file/759019/25_November_Agreement_on_the_withdrawal_of_the_United_Kingdom_ of_Great_Britain_and_Northern_Ireland_from_the_European_Union_and_the_European_Atomic_Energy_Community.pdf. Zugegriffen: 1. März 2019.

Regierung des Vereinigten Königreichs (2018 b). *Political Declaration setting out the framework for the future relationship between the European Union and the United Kingdom.* https://assets.publishing.service.gov.uk/government/uploads/system/uploads/attachment_data/file/759021/25_November_Political_Declaration_setting_out_the_framework_for_the_future_relationship_between_the_European_Union_and_the_United_Kingdom__.pdf. Zugegriffen: 1. März 2019.

Rost, J. (2014). *Der Verstoß gegen § 32 KWG an der Schnittstelle von Bankaufsichtsrecht und Zivilrecht.* Dissertation, Universität Potsdam.

Säcker, F. (Hrsg.) (2018). *Münchener Kommentar zum Bürgerlichen Gesetzbuch: BGB, Band 1* (8. Aufl.). München: C.H. Beck. Zitiert: MüKo BGB/ *Bearbeiter.*

Schimansky, H., Bunte, H. & Lwowski, H. (Hrsg.) (2017). *Bankrechts-Handbuch* (5. Aufl.). München: C.H. Beck. Zitiert: Bankrechts-Handbuch/ *Bearbeiter.*

Schulze, R. et al. (Hrsg.) (2019). *Bürgerliches Gesetzbuch: Handkommentar* (10. Aufl.). Baden-Baden: Nomos. Zitiert: BGB Handkommentar/ *Bearbeiter.*

Schulze, R., Zuleeg, M. & Kadelbach, S. (Hrsg.) (2015). *Europarecht: Handbuch für die deutsche Rechtspraxis* (3. Aufl.). Baden-Baden: Nomos. Zitiert: Europarecht/ *Bearbeiter.*

Schuster, G., Pitz, S. & Matzen, F. (2018). Brexit, MiFIR und MiFID II: Grenzüberschreitende Wertpapierdienstleistungen durch Drittlandfirmen und die anwendbaren Organisations- und Wohlverhaltenspflichten. *ZBB,* 197–208.

Schwennicke, A. & Auerbach, D. (Hrsg.) (2016). *Kreditwesengesetz mit Zahlungsdienste-aufsichtsgesetz (ZAG) und Finanzkonglomerate-Aufsichtsgesetz (FKAG): Kommentar* (3. Aufl.). München: C.H. Beck. Zitiert: KWG/ *Bearbeiter.*

Schwintowski, H. (Hrsg.) (2018). *Bankrecht* (5. Aufl.). Köln: Carl Heymanns Verlag. Zitiert: Bankrecht/ *Bearbeiter.*

Sethe, R. (2014). Das Drittstaatenregime von MiFIR und MiFID II. *SZW/ RSDA,* 615–631.

Skouris, V. (2016). Brexit: Rechtliche Vorgaben für den Austritt aus der EU. *EuZW,* 806–811.

Streinz, R. (2017). Brexit – Weg, Ziele, Lösungsmöglichkeiten. In Kramme, M., Baldus, C. & Schmidt-Kessel, M. (Hrsg.), *Brexit und die juristischen Folgen: Privat- und Wirtschaftsrecht der Europäischen Union* (S. 17–32). Baden-Baden: Nomos.

von der Groeben, H., Schwarze, J. & Hatje, A. (Hrsg.) (2015). *Europäisches Unionsrecht* (7. Aufl.). Baden-Baden: Nomos. Zitiert: Europäisches Unionsrecht/ *Bearbeiter.*

von Staudinger, J. (2017). *Kommentar zum Bürgerlichen Gesetzbuch.* Buch 1: Allgemeiner Teil §§ 134–138, ProstG (16. Aufl.). Berlin: Sellier-de Gruyter. Zitiert: Staudinger/ *Bearbeiter.*

Weber, M. (2018). Die Entwicklung des Kapitalmarktrechts in 2017/2018. *NJW,* 995–1000.

Wendt, D. (2015). Einführung in das Europäische Wirtschaftsrecht. *JURA,* 1275–1281.

Wenzel, T. & Coridaß, B. (2015). MiFID II: Überblick zur Novellierung der Markets in Financial Instruments Directive. In Temporale, R. (Hrsg.), *Europäische Finanzmarktregulierung* (S. 11–23). Stuttgart: Schäffer-Poeschel.

Westermann, H., Grunewald, B. & Maier-Reimer, G. (Hrsg.) (2017). *Erman Bürgerliches Gesetzbuch* Band I (15. Aufl.). Köln: Otto Schmidt. Zitiert: Erman/ *Bearbeiter.*

Wohlschlägl-Aschberger, D. (2018). *Bankgeschäft und Finanzmarkt: Praxiswissen kompakt.* Wiesbaden: Springer Gabler.

Wojcik, K. (2018). *Bankenunion, Brexit und EU-Aufsicht über die Finanzmärkte: Wie verhindern wir die nächste Finanzkrise?* Bonn: Zentrum für Europäisches Wirtschaftsrecht.

Zerey, J. (Hrsg.) (2016). *Finanzderivate: Rechtshandbuch* (4. Aufl.). Baden-Baden: Nomos. Zitiert: Finanzderivate/ *Bearbeiter.*

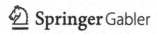

Printed in the United States
By Bookmasters

Printed in the United States
By Bookmasters